朝倉日英対照言語学シリーズ ①

[監修] 中野弘三・服部義弘・西原哲雄

言語学入門

Introduction to Linguistics

西原哲雄 [編]

朝倉書店

シリーズ監修

中野 弘三　名古屋大学名誉教授
服部 義弘　大阪学院大学教授，静岡大学名誉教授
西原 哲雄　宮城教育大学教育学部教授

第 1 巻編集

西原 哲雄　宮城教育大学教育学部教授

執筆者（執筆順）

高橋　潔　　宮城教育大学教育学部教授
西原 哲雄　宮城教育大学教育学部教授
高橋 幸雄　盛岡大学文学部教授
奥野 忠徳　弘前大学教育学部教授
早瀬 尚子　大阪大学大学院言語文化研究科准教授

刊行のことば

　20世紀以降の言語学の発展には目覚ましいものがあり，アメリカ構造主義言語学から，生成文法，さらには最近の認知言語学に至るさまざまな言語理論が展開・発展を続けている．これと同時に，急速なコンピューターの技術革新などによる，コーパス言語学をはじめとする各種の方法論の導入によって，言語研究は言語一般の研究分野においても，各個別言語の分析においても，日進月歩の発達を遂げてきたといえる．個別言語の1つである英語についても，共時的な観点と通時的な観点の双方から，さまざまな側面についての分析が行われ，その成果は，多くの論文や著書の形で公刊されるに至っている．

　言語一般の研究にせよ，各個別言語の研究にせよ，その研究分野は次第に特殊化・細分化されてゆき，その内容が複雑・多様化するに伴って，今日では，専門の研究者ですら，その分析手法などが異なれば，自らの研究分野での研究成果を的確に理解できないという事態が生じうる．このような状況では，英語学・言語学を志す初学者が手早く専門分野の知識を得たいと思う場合，また，英語や日本語教育に携わる教員が幅広く言語学全般の知識を得たいと思う場合に，大学での教授者がそのような要望に応えることは容易ではない．しかし，他方では，英語学・言語学の複雑多様化した研究分野についての的確な知識を初学者や言語教育者に提供する必要性は少なからず存在するものと思われる．

　そこで，われわれは，英語学，英語教育学あるいは言語学に関心をもつ学生，および英語・日本語教育関係者を読者対象に想定し，英語学・言語学の各専門分野についての概観を意図した『朝倉日英対照言語学シリーズ』の編纂を企画したのである．本シリーズの基本方針としては，日本人の母語である日本語との比較・対照を図ることにより，英語学の知識をいっそう深めることができるものと考え，可能な限りの範囲で，日英対照という視点を盛り込むよう，シリーズ各巻の編集・執筆者に依頼することとした．また，英語学・言語学の基本的な概念や専門用語を提示することとあわせて，それぞれの分野の最新の研究成果についても，スペースの許す範囲で盛り込んでゆくことを方針とした．本シリーズを教科書として

使用される教授者にとっても益するところがあるようにとの配慮からである．

　幸運なことに，各巻の編集者には，各分野を代表する方々を迎えることができ，それらの方々には，上に述べた基本方針に従って，それぞれの分野において特色ある優れた入門書兼概説書を編集してもらえるものと確信している．本シリーズの構成は以下の7巻からなる．

　　第1巻『言語学入門』西原哲雄 編
　　第2巻『音声学』服部義弘 編
　　第3巻『音韻論』菅原真理子 編
　　第4巻『形態論』漆原朗子 編
　　第5巻『統語論』田中智之 編
　　第6巻『意味論』中野弘三 編
　　第7巻『語用論』中島信夫 編

　読者の方々は各自の専門分野に関する巻はもちろん，そうでない他の巻や隣接する分野の巻についても参照されることを希望するものである．そうすることによって，読む人の英語学・言語学各分野についての理解はいっそう広まり，深まるものと確信する．

　　2012年3月

　　　　　　　　　シリーズ監修者　　中野弘三，服部義弘，西原哲雄

まえがき

　本書は,『朝倉日英対照言語学シリーズ』の第 1 巻として出版されたもので, 英語の言語構造を中心にしつつ, 随時, 日本語の言語構造と対比しながら, 英語学・言語学・日本語学の基礎知識を養うことを目的としている.

　したがって本書は, 英文学科, 英米語学科, 英語教育学科の専門学生やその他の学部・学科において英語学や言語学（一般教養, 言語学や英語学関連の科目を含む）を専門科目や一般教養科目として履修する学生諸君を対象として書かれた日英対照言語学（英語学・日本語学・言語学）の入門書兼概説書である.

　基本的に, 半期での使用を想定しているので, 各章における項目のページ数は最小限にとどめられたが, その内容は, 英語と日本語を対照としながら言語学の基本的な概念や用語をわかりやすく説明すると同時に, ここに挙げられた英語学・日本語学・言語学の分野についての最新の研究成果も盛り込むように努力した. したがって, 本書は言語（英語・日本語）の基本的な構造をつかさどる音声学・音韻論, 形態論, 統語論, 意味論, 語用論の分野についての基本的および応用的な内容を取り上げている（これらの各章について興味をもち, さらに詳細な内容を知りたい学生諸君や読者の方々は, 本シリーズの各巻をぜひ参照いただきたい）.

　本書では序章を含む全 6 章からなる 5 つの分野を列挙し解説しているが, 必ずしも最初の章から読み進める必要はなく, 興味のある章から読み始めていただいても, 十分にそれぞれの内容を理解することができるように配慮したつもりである. 各章において, それぞれの分野についての簡潔な「コラム」, 読書案内「より深く勉強したい人のために」や「練習問題」が章末に配置されているので, 学生諸君は本書の内容をより深めるために, ぜひこれらの項目にも目を通していただきたい.

　われわれが普段使用している人間の言語の機能や体系の不思議さやその面白さ, また, 英語学・日本語学・言語学が隣接学問分野といろいろなところで関わりあっていることを, 本書を通して学生諸君や一般読者のみなさんに十分に理解

していただけることを，筆者らは心から願うものである．

　最後に，本書や本シリーズの企画に快諾してくださり，さまざまな面から協力をしていただいた朝倉書店編集部に心から感謝し，ここに記して，特に御礼申し上げたい．

　2012 年 3 月

西 原 哲 雄

目　　次

序章　言語学とは何か ……………………………………［高橋　潔・西原哲雄］…1

第1章　音の構造について―音声学・音韻論― …………………………［高橋幸雄］…9
　1.1　音声学・音韻論と科学理論の構成，言語構造，文法規則の式型 ……… 12
　　1.1.1　音声構造，音韻理論の構成と対象 ………………………………… 12
　　1.1.2　言語音声の科学の専門マトリックス ……………………………… 16
　　コラム1　ガ行鼻濁音の発音のゆれ ………………………………………… 19
　　1.1.3　音声学と音韻論 ……………………………………………………… 26
　1.2　形態論（語形成）と音韻論 ……………………………………………… 29
　1.3　音韻構造の階層性 ………………………………………………………… 31
　　1.3.1　調音点同化と自律分節音韻論 ……………………………………… 31
　　1.3.2　アクセントの移動と韻律音韻論 …………………………………… 34
　　コラム2　米語の弾音化の分析をめぐる理論とデータの関係 …………… 35
　1.4　理論負荷性と音声・音韻 ………………………………………………… 36

第2章　語の構造について―形態論― ………………………………………［西原哲雄］…39
　2.1　語の構造とは ……………………………………………………………… 39
　2.2　語 の 構 成 ………………………………………………………………… 39
　2.3　語の構造（形態論）の働き ……………………………………………… 40
　2.4　派生接辞と屈折接辞とは何か …………………………………………… 40
　2.5　語彙範疇と機能範疇 ……………………………………………………… 41
　2.6　派生・屈折・複合と接頭辞・接尾辞の関係 …………………………… 42
　2.7　生成形態論におけるクラスⅠ接辞とクラスⅡ接辞 …………………… 47
　　コラム3　ラテン語系接辞とゲルマン語系接辞の順序づけ ……………… 50
　2.8　語の右側主要部規則 ……………………………………………………… 51
　　コラム4　浴槽効果 …………………………………………………………… 55

2.9　第1姉妹の原理 …………………………………………………… 56
　2.10　阻　　　止 …………………………………………………………… 57
　2.11　逆　　　成 …………………………………………………………… 58
　2.12　異　分　析 …………………………………………………………… 58
　2.13　頭 文 字 語 …………………………………………………………… 58
　2.14　混　　　成 …………………………………………………………… 59
　2.15　短　　　縮 …………………………………………………………… 59
　2.16　混種語・語源・その他 ……………………………………………… 60

第3章　文の構造について―統語論―　　　　　　　　［奥野忠徳］…64
　3.1　文法とは何か ………………………………………………………… 64
　3.2　文法の構築に向けて ………………………………………………… 65
　3.3　構築した文法の正当化 ……………………………………………… 69
　　3.3.1　構造的多義性 …………………………………………………… 70
　　3.3.2　挿入句の分布 …………………………………………………… 71
　　3.3.3　照応現象 ………………………………………………………… 72
　3.4　下位範疇化 …………………………………………………………… 75
　3.5　変　　　形 …………………………………………………………… 78
　コラム5　句構造規則とメタファー …………………………………… 79
　3.6　変形を設定する他の理由 …………………………………………… 80
　3.7　いくつかの変形 ……………………………………………………… 81
　3.8　Xバー統語論 ………………………………………………………… 82
　　3.8.1　句構造規則の精密化に向けて ………………………………… 82
　　3.8.2　Sについて ……………………………………………………… 88
　3.9　まとめと展望 ………………………………………………………… 90
　コラム6　英語教育との関わり ………………………………………… 92

第4章　文の意味について―意味論―　　　　　　　　［早瀬尚子］…94
　4.1　語と語の意味関係 …………………………………………………… 94
　　4.1.1　同義性 …………………………………………………………… 94
　　4.1.2　反義語 …………………………………………………………… 95
　　4.1.3　反義性と文脈 …………………………………………………… 96

4.1.4　含　意……………………………………………………………98
　4.2　語の内部の意味関係………………………………………………………99
　　　4.2.1　意味のカテゴリーとプロトタイプ………………………………99
　　　4.2.2　単義か多義か………………………………………………………100
　　　4.2.3　メニトミーと語の意味拡張………………………………………102
　　　4.2.4　メタファーと語彙の意味・用法拡張……………………………103
　　　4.2.5　日英の語彙化パターンの違い……………………………………104
　4.3　語の意味と背景知識………………………………………………………105
　　　4.3.1　フレーム……………………………………………………………105
　　　4.3.2　構文の意味とフレーム……………………………………………107
　　　4.3.3　フレームと文化的コンテクスト：日英対照……………………110
　4.4　意味と話者の関係…………………………………………………………111
　　　4.4.1　話者の語彙選択－精緻性…………………………………………111
　　　4.4.2　話者の立ち位置－視座……………………………………………113
　　　4.4.3　意味に組み込まれる話者－主体化・主観化……………………114
　　　4.4.4　話者の思考の暗示－前提…………………………………………115
　　コラム7　最新の意味論周辺の研究結果……………………………………115
　　　4.4.5　前提と対人関係的誘導……………………………………………117
　　コラム8　英語教育との関わり………………………………………………118

第5章　文の運用について―語用論―……………………………[高橋　潔]…122
　5.1　語用論とは何か……………………………………………………………122
　　コラム9　「よ」と「ね」……………………………………………………125
　5.2　言語能力と言語運用と語用論……………………………………………128
　5.3　会話仮説理論………………………………………………………………130
　　コラム10　論理記号…………………………………………………………131
　　コラム11　真理表……………………………………………………………134
　5.4　関連性理論…………………………………………………………………140

索　引………………………………………………………………………………147
英和対照用語一覧…………………………………………………………………152

序章　言語学とは何か

高橋　潔・西原哲雄

　世界には数千もの人間が話す言語，つまり，**自然言語**（natural language）があるといわれている．日本語や英語など**個別言語**（particular language）とその**方言**（dialect）の違いが明確に定められないため，言語を明確に定義づけにくく，具体的に世界にいくつ言語があると明確な数字を出すことは難しい．だが，科学は，その研究対象を明確に定義づけられなければ科学にならないということはない．科学の1分野として言語学を，言語についての何らかの記述や説明であるとするなら，最古のものは，BC 5世紀のパーニニ（Panini）による古代インドの言語であるサンスクリット語（Sanskrit）の**文法**（grammar）の記述とされている．以来，言語は，2500年以上にわたって，とりわけ，西洋において文法記述や修辞学（rhetoric）という学問分野で研究されてきた．

　言語学が近代的な科学であると意識されはじめた契機は，インドに駐在した英国人判事ジョーンズ（Jones, W.: 1746-1794）による，1786年のサンスクリット語とギリシア語やラテン語との類似性の発見である．たとえば，サンスクリット語で"父親"は pitar，ギリシア語・ラテン語では pater であり，フランス語では père，ドイツ語では Vater，英語では father で，これらが同語源の単語であると推測された．この類似性の発見から，19世紀にはドイツを中心として，サンスクリット語などインドの諸言語やペルシアの諸言語と西洋の諸言語は，同一の**インド・ヨーロッパ祖語**（proto-Indo-European）を起源とする**インド・ヨーロッパ語族**（Indo-European languages）であることが確かめられた[1]．このようにヨーロッパやインドの諸言語を比較しながら，言語を歴史的に変化するものとして研究する言語学は，19世紀の比較解剖学や進化論の影響を受けて**比較言語学**（comparative linguistics）や**歴史言語学**（historical linguistics）と呼ばれ，音変化の規則性が例外なく成立することから，言語学も科学の1分野としての地位を確立してい

---

[1] 現在，インド・ヨーロッパ語族の言語を母語としている人々は新大陸でも多数派であり，人類の約半数になっている．

った．比較言語学は，ドイツやフランスに留学した上田萬年(かずとし)（1869-1937）らによって日本にも明治時代にもたらされた．

比較言語学において最大の研究業績を挙げ，さらに，20世紀の言語学を確立したのはソシュール（Saussure, F.: 1857-1913）である．ソシュールは1879年に『インド・ヨーロッパ諸語における母音の原初体系に関する覚え書』で，インド・ヨーロッパ祖語の母音体系において環境に応じて子音的にも母音的にも機能する音が2つあったと仮定し，それによって短母音や長母音や二重母音など種々の母音の分布が説明できるという仮説を提起した．この仮説は，ヒッタイト語（Hittite）の中に（ローマ字で書けば）hという**喉頭音**（laryngeal）が発見されたことで実証された．ヒッタイト語は，ソシュールの死後，粘土板に刻まれたくさび形文字（cuneiform）の解読から，サンスクリット語より古い，BC 2000年頃までさかのぼれるインド・ヨーロッパ語族の1つであることが証明された言語である．

このように，比較言語学は子音から母音へと音変化の研究から科学的な分析が始まり，ソシュールも，同時代のロシアの**カザン学派**（Kazan school）も**音素**（phoneme）という用語を使い始めていた．しかし，1907年からロンドン大学で**音声学**（phonetics）を教え始めていたジョーンズ（Jones, D.: 1881-1967）にとって，音の分類は音素的直感にもとづいていて，厳密な分析にもとづくものではなかった．ジョーンズにとって，音素とは何よりも心理的実在であったので，1つの音素は「簡易表記」における単一記号として表していた．ジョーンズの関心は音素の性質にあるのであり，その機能には関心がなかったのである．それゆえ，ジョーンズは音韻論の中心からは外れることになったが，「簡易表記」を用いた実用的な英語発音辞典を著し，それは世界中で使用されることとなった．

ソシュールのもう1つの大きな功績は，**構造主義言語学**（structural linguistics）の確立である．構造主義言語学の理解のためにはソシュールが創始した**記号論**（semiotics）の理解が欠かせない．言語も含め，**記号**（sign）とは，意味するもの（**シニフィアン**：*signifiant*）と意味されるもの（**シニフィエ**：*signifié*）がコインの両面のようになって成立しているものであるが，ある記号が他の記号と異なるのは，記号自体に内在的に存在している何かが異なっているのではない．ある記号が他の記号と異なって別の記号であるのは，他の記号とは違うという意味で**対立**（opposition）関係にあるからにほかならない．

ソシュールの言語学は彼の死後の1916年に出版された『一般言語学講義』で広

く知られることになったが，この著書は，ソシュール自身の著作ではなかったため文献学的問題があったことと，内容自体が革新的であったことから，当初種々の誤解を受けた．しかしソシュールは，言語の実態は，実体のあるものであるという 19 世紀的言語観を，**関係**（relation）によって成り立っている**体系**（system）であるという 20 世紀的言語観へ転換したといえる[2]．このような言語観は，**プラーグ学派**（Prague school）を代表する言語学者ヤコブソン（Jakobson, R.: 1896-1982）によって構造主義言語学と名づけられた．ヤコブソンは，また，音素に対して与えられていた基本的単位としての性格を再度問題として取り上げ，1932 年に音素を再定義した．そして，「音素は分割できない単位である**弁別素性**（distinctive feature）の総和である」と考え，音素はかなり抽象的で直接観察できない実在であり，むしろ，弁別素性による音韻論分析が可能であるという確信をもつにいたった．

　ソシュールは，また，言語学の用語を二分して整理したことでもよく知られている．つまり，言語に**ラング**（langue）と**パロル**（parole）を認め，言語に**形式**（form）と**実体**（substance）という側面があり，研究観点に**共時性**（synchrony）と**通時性**（diachrony）という視点があり，それらの特徴を表1～3のように整理してみせた．

　ソシュール自身は，これからの言語学は形式的側面のラング研究に取り組み，通時的研究より共時的言語研究を優先すべきであると考えていた．つまり，表1

表1　ラングとパロル

ラング	パロル
体系的（systematic）	非体系的（not systematic）
同質的（homogeneous）	異質的（heterogeneous）
規則支配的（rule-governed）	非規則支配的（not rule-governed）
社会的（social）	個人的（individual）
慣習的（conventional）	非慣習的（not conventional）
不変的（invariable）	変異的（variable）
無意識的（unconscious）	意識的（conscious）

---

[2] これは，Kuhn（1962）流にいうなら，正にコペルニクス革命ともいうべき言語学におけるパラダイム・シフト（paradigm shift）であり，心理学・哲学・文化人類学・社会学・文学など言語学以外の学問領域にも多大の影響を与えた．詳述は多数の専門書にまかせるが，略説としては，Tsiapera and Andresen（1980），Takahashi（1997）などを参照のこと．

表2 形式と実体

形式	実体
体系（system）	無体系（no system）
不連続的（discrete）	連続的（continuous）
静的（static）	動的（dynamic）

表3 共時性と通時性

共時性	通時性
無歴史的（ahistorical）	歴史的（historical）
内的（internal）	外的（external）
不変化的（unchanging）	変化的（changing）
一定の（invariable）	変わりやすい（variable）
共存的（coexistent）	継続的（successive）

〜3で左側が重要と考えていたのである．

　ソシュールの言語学を理解することによって，20世紀のヨーロッパの言語学派の関係を展望できる．ソシュールの死後，ソシュールの言語観をそのまま受け継ぎ，ソシュールの文献学的研究も行っていたのが**フランス・ジュネーブ学派**（Franco-Geneva school）である．ソシュールの影響を強く受けつつも，**機能的構造主義**（functional structuralism）を標榜したプラーグ学派は体系研究と用法研究の折衷を図ろうとしていた．彼らの視点は，第1次世界大戦後から今日までのヨーロッパにおける各言語学派の言語観をみるうえで，図1のように尺度として利用することができる．

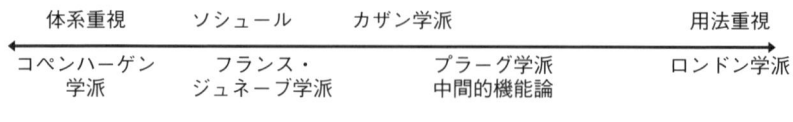

図1　20世紀のヨーロッパの言語学派

　図1で一番左のコペンハーゲン学派とは，イェルムスレフ（Hjelmslev, L.: 1889-1965）を中心とした，形式としてのラング研究の方法論にこだわった**言理学**（glossematics）と呼ばれる言語学派である．プラーグ学派は中間的機能論であり，中間的機能論という意味では，今日のアメリカにも該当する研究者がいる（Li（1976）などの論文集に寄稿している研究者たちなど）．言理学と正反対に用法を最重視し

たのは，**韻律**（prosody）研究を行ったロンドン学派である．その創始者ファース（Firth, J.: 1890-1960）は，文化人類学者のマリノウスキー（Malinowski, B.: 1884-1942）の影響を強く受け，発話と場面は分かちがたく結びついており**場面のコンテクスト**（context of situation）が言語を理解するのに不可欠であるという立場に立っていた．その弟子のハリデー（Halliday, M.: 1925-）は，**体系文法**（systemic grammar）と呼ばれる理論を構築し，今日では中間的機能論の中に入れられる．

同じように，現代のアメリカを中心とした言語学についても，尺度とおもな言語学派を示すなら，図2のように並べてみることができる．

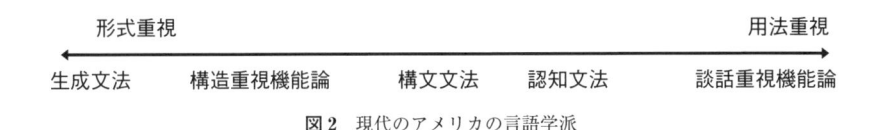

```
←形式重視                                              用法重視→
生成文法   構造重視機能論   構文文法   認知文法   談話重視機能論
```

図2　現代のアメリカの言語学派

形式重視派には，**生成文法**（generative grammar）が挙げられる．これは，チョムスキー（Chomsky, N.: 1928-）によって創始された言語学派で，現在でも最も影響力のある言語学派である．人間の言語知識とはどのようなもので，どのように習得され，理解や発話の際どう利用されるのか，という3つの疑問に統一的答えを得ようとしてきた探求であり，言語学史においてソシュール以来の革命的な言語観の転回をもたらしたといえる．言語習得が可能なのは，人間の種に固有の遺伝特性として生まれたばかりの赤ちゃんの頭の中に**普遍文法**（universal grammar）があるとする**生得説**（innate hypothesis）を唱えている．しかし，広い意味で，ソシュール以来の構造主義言語学であることには変わりがない．図2でいう生成文法には，チョムスキーの生成文法だけでなく，**語彙機能文法**（lexical functional grammar）や**主要部駆動句構造文法**（head-driven phrase structure grammar），および**最適性理論**（optimality theory）なども含まれる．生成文法が言語学にどれほど大きな影響を与えたかは，音韻論の研究成果からもうかがえる．ハレ（Halle, M.: 1923-）がヤコブソンの弁別素性を音韻論に取り込み，『ロシア語の音型』（1959）で**生成音韻論**（generative phonology）の先駆者となり，チョムスキーとともに『英語の音型』（1968）を著して，これが生成音韻論のバイブルとして，今日に至るまでさまざまな音韻理論に大きな影響を与えている．

図2で生成文法に隣接する構造重視機能論は，形式構造による説明を機能論で

補完しようとする立場である（Dijk (1981) や Kuno (1987) など）．次の**構文文法**（construction grammar）は，ゴールドバーグなどを代表とする研究（Goldberg 1995）であるが，**認知文法**（cognitive grammar）の一流派と捉えられる．しかし構文という構造を単位として認める点で，隣接する認知文法の主流（Lakoff and Johnson 1980；Lakoff 1987；Langacker 1987, 1991；Taylor 2004）とは異なっているといえる．だが，どちらも**用法基盤的**（usage-based）という点で生成文法とは大きな距離がある．認知文法は，1970年代からの**認知科学**（cognitive science）の進展に刺激されて登場した文法で，人間の言語能力はチョムスキーの言うような独立したものではなく，人間の認知に関わるさまざまな認知的働きから認知的な動機づけによって個別言語の個々の言語表現が成立していくという言語観をもち，個々の具体的な使用の蓄積が言葉の使用を左右し，語彙と文法に明確な区別を認めないという立場に立っている．ボリンジャー（Bolinger, D.: 1907-1992）やその弟子のギボン（Givón, T.: 1936-）などは，認知文法登場以前から認知文法的言語観をもって生成文法を批判的にみていた機能主義言語学者といえる．今日，認知文法はいっそう大きな影響力をもつようになり，個別具体的な研究で幅広い研究者を擁する一大学派となっている．最も用法を重視する学派は談話機能重視論といえ，ホッパーなどの**創発文法**（emergent grammar）がその典型である（Hopper 1987）．生成文法とは正反対に，ホッパーらは，そもそも人間の頭の中にはじめから存在している文法というものはなく，統語論は存在せず，文脈から切り離した言語研究はありえないという．意味論と語用論の区別もなく，談話が構造のすべてを決定するという極端な機能論である．

このように，20世紀のヨーロッパの言語学も，今日のアメリカを中心とする言語学も，心理学・認知科学や社会学・文化人類学など隣接分野と相互に影響し合いながら，構造や形式を重視するか機能や用法を重視するかによって，言語観・文法観が大きく異なり，今後も，1方向のみならず，多方向に振れる振り子のように変化・発展していくものと思われる．

より深く勉強したい人のために

- 下宮忠雄（編著）(1998)『言語学Ⅰ（英語学文献解題 1）』研究社.
  Bopp (1816) *Über das Conjugationssystem der Sanskritsprache*（『サンスクリット語の動詞活用組織について』）から19世紀の比較言語学全盛時代と Saussure (1916) を経

て，Winter（1995）*On Language and Languages* まで当時のヨーロッパ言語学の現状について文献解題したもの．

- 寺澤芳雄・川崎潔（編）(1993)『英語史総合年表―英語史・英語学史・英米文学史・外面史』研究社．

  本を開くと，BC 58 年から 1991 年までの日本の時代，英国王朝名，外面史，英語史，英語学史，英米文学史を一覧できるように編集されている年表．

- 唐須教光（編著）(2000)『言語学 II（英語学文献解題 2）』研究社．

  1950 年代から 1990 年代までの社会言語学，言語人類学，人類学言語学，言語類型論，テキスト言語学などの文献解題．

文　献

Dijk, Teun A. van (1981) *Studies in the Pragmatics of Discourse*, The Hague: Mouton.

Goldberg, Adele (1995) *Constructions: A Construction Grammar Approach to Argument Structure*, Chicago: The University of Chicago Press.（河上誓作・谷口一美・早瀬尚子・堀田優子（訳）(2001)『構文文法論―英語構文への認知的アプローチ』研究社．）

Hopper, Paul (1987) "Emergent Grammar," *Berkeley Linguistics Society Proceedings of the Thirteenth Annual Meeting, General Session and Parasession on Grammar and Cognition*, Berkeley, CA: Berkeley Linguistics Society, 139-157.

Kuhn, Thomas (1962) *The Structure of Scientific Revolutions*, Chicago: The University of Chicago Press.（中山茂（訳）(1971)『科学革命の構造』みすず書房．）

Kuno, Susumu (1987) *Functional Syntax: Anaphora, Discourse and Empathy*, Chicago: The University of Chicago Press.

Lakoff, George (1987) *Women, Fire, and Dangerous Things: What Categories Reveal about the Mind*, Chicago: The University of Chicago Press.（池上嘉彦・河上誓作ほか（訳）(1993)『認知意味論―言語から見た人間の心』紀伊國屋書店．）

Lakoff, George and Mark Johnson (1980) *Metaphors We Live By*, Chicago: The University of Chicago Press.（渡部昇一・楠瀬淳三・下谷和幸（訳）(1986)『レトリックと人生』大修館書店．）

Langacker, Ronald (1987) *Foundations of Cognitive Grammar, Volume 1: Theoretical Prerequisites*, Stanford CA: Stanford University Press.

Langacker, Ronald (1991) *Foundations of Cognitive Grammar, Volume 2: Descriptive Application*, Stanford CA: Stanford University Press.

Li, Charles (ed.) (1976) *Subject and Topic*, N.Y.: Academic Press.

Takahashi, Kiyoshi (1997) "Lecture Notes on F. de Saussure and the Linguistic Schools of Europe,"『宮城教育大学外国語科論集』**11**: 26-48.

Taylor, John (2004) *Linguistic Categorization: Prototypes in Linguistic Theory*, 3rd ed. Oxford: Oxford University Press.（辻幸夫ほか（訳）(2008)『認知言語学のための 14 章（第三版）』紀伊國屋書店.）

Tsiapera, Mária and Julie Andresen (1980) "From Saussure to Chomsky: Linguistics and the Human Sciences," *Innovations in Linguistic Education*, **1**(2): 3-23.

第1章 音の構造について
―音声学・音韻論―

高橋幸雄

　この章を始めるにあたり，この章が扱おうとする基本的な事柄，その意義，節の構成について記しておく．

　音声学・音韻論を全体的に把握するために，音声学，音韻論において接することになる典型的な言語現象を注意深く観察することから始めよう．以下では / / を簡略（音素）表記において，[ ] を精密（異音）表記において用いるという慣例に従うことを基本とする．これらの表記の意味合いについては後で述べることとする．

(1) 音声学，音韻論の典型的な現象
 a. like と school, culture, color の /l/ は同じ /l/ なのか
  「は」と「ひ」の /h/ 音は同じ /h/ なのか
 b. ten books と ten coins の ten の /n/ は同じ /n/ なのか
  「本，買う」と「本，もらう」の「本」の「ん」は同じか
 c. The number of the boys was fifteen と I saw fifteen boys の fifteen のアクセントの位置は同じか
  「日本社会」と「社会科」の「社会」のアクセント位置は同じか

　(1a) の like と school においては語の端にある．他方，culture と color では /l/ は語中にある．school と culture の /l/ は日本語の「う」のようにも聞こえる．その点で like と color の /l/ は異なる．前者は**暗い音色の l**（dark l），後者は**明るい音色の l**（clear l）と呼ばれている．「は」の /h/ 音は喉の奥で発音され，「ひ」の /h/ 音は歯茎辺りで発音される．このように言語音 /l/ と /h/ は環境に応じて生起しており，これは音声学・音韻論の課題である．

　次に，生起する名詞によって数詞 ten と「本」の /n/ の発音の仕方が変化していることが (1b) の事例を観察すると気がつく．「本，もらう」の「ん」は唇を閉じて発音されるが「本，買う」では閉じられない．日本人の英語の初学者の発音では単語ごとに区切って発音する傾向が高く，その場合には，このような事実には気づきにくいかもしれない．

(1c) では fifteen が文末にある場合は主アクセントは後ろ寄りにあり，fifteen boys のように名詞句の主アクセントが後続する場合には fifteen の主アクセントは前寄りにある．「社会」のアクセントも異なる．

(1a) は /l/ という①発音記号の表すものと②さまざまな音環境で /l/ がどのように発音されているか（あるいは，どのように聞こえるか）という問題の1つの事例である．(1b) は，音環境の中に語の境界が含まれている事例である．数詞 ten の末尾の [n] は後続の単語の先頭の子音の影響を受けている．これは，**調音点同化**（assimilation of point of articulation）と呼ばれている．このことは，ten dishes の事例を観察してみると，さらに明白になってくるであろう．(1c) はアクセントの交替が関わっている．本来アクセントは強弱の交替からなっている．名詞句 fifteen boys の fifteen の第2音節を強く発音すると –teen boys のところで強アクセントが連続してしまう．これらについては以下で再度取り上げ，どのような分析の可能性があるかを示すこととする．

この章が扱おうとする基本的な事柄は，(1) において観察されている現象であり，音声学・音韻論もまた，言語学が科学的にこれらの現象を説明しうるものである必要がある．したがってこの章は，音声学・音韻論が科学として成立するためのいくつかの要件と可能性を説明していく．これを明確にするためにいくつかの**メタ言語**（metalanguage）的言語（言語について語るための言語）を設定する必要がある．そのようなメタ言語的言語に**母音**（vowel），**子音**（consonant），**音節**（syllable），**強勢**（stress），**音素**（phoneme），**異音**（allophone）というような術語（専門用語）がある．術語の意味するもの（音声学・音韻論での位置づけ）は，そこで採用されている科学理論の構成理論のあり方を問うことによっていっそう明確になっていくものである．

他の研究領域と同様に，言語の音声を対象とする科学的研究という点において音声学と音韻論は共通の基盤を有している．本章では，これらの研究領域の境界域を発端から規定してしまうことはせず，今後の展開を考慮した作業仮説として次のように仮定しておくことにする．

(2) 音声学と音韻論の接触域
  音声学は，実在としての言語音声を扱い，音韻論は，体系内要素としての言語音声を扱う．

「実在」には「物理的」という修飾語句を付加することもできるし，「体系」に

は「機能的」という修飾語句を付加することもできる．それぞれを「実在的要素としての言語音声」と「機能的体系を構成する要素としての言語音声」と言い換えてもよい．たとえば (1a) において観察した2種類の /l/ は，物理的実在としては相互に相当に異なっている．他方，/l/ は，「音節の**頭子音**（onset）内に生ずる際には /p t k/ に後続する」，「左右に真子音がある場合には音節主音として振る舞う」，「light の /l/ を /t/ に置き換えると別の単語になる」というような意味で，英語という言語の音声体系内において特定の指定しうる機能を担っている．無論「英語という言語の音声体系」という表現が表すものの内容は改めて吟味，検証する必要があり，このことは本章の後半，別巻での記述に委ねなくてはならない．

　音声学は，**調音音声学**（articulatory phonetics），**音響音声学**（acoustic phonetics），**聴覚音声学**（auditory phonetics）の3つの領域に分けられる，という考え方が従来からとられており，本章もそのような基本的な理解のうえに展開している．言語音声の産出（production），伝播（propagation），知覚（perception）という段階に分け，それぞれに応ずるかたちで調音音声学，音響音声学，聴覚音声学あるいは**知覚音声学**（perceptual phonetics）と呼ぶ領域を設定する（音声学のより詳細な分野設定については荒木・安井 (1992) の phonetics の項目を参照されたい）．他方では，学問の目的に応じて，言語教育や発音矯正への応用を目指す領域を**応用音声学**（applied phonetics）あるいは**臨床音声学**（clinical phonetics），通常の音声研究を**理論音声学**（theoretical phonetics）と呼ぶこともある．さらにヒトの言語一般を研究対象とする**一般音声学**（general phonetics）と個別の言語を対象としつつ異なる言語の音声を対照，比較する**対照音声学**（contrastive phonetics）を設ける場合がある．数理のもとに音声学的観察を解釈，定位しようという数理音声学という学問的試み（近藤 1964）もある（この点については佐藤滋先生からの示唆による）．峯松 (2011)，さらに関連する同氏の研究は，「外国語発音の学習とは，教師音声の何を真似ることを意味するのだろうか」という問題提起を行い，この模倣が声帯模写とは異なることを述べたうえで，「声色の太さ・細さに拘わらず同一内容の発声に対して観測される共通項を，物理的にあぶり出すこと」を目標とし，話者の違いを超えた個々の音の配置の様子を抽出する技術開発を行っている．

　この章は次のように構成される．1.1 節においては，科学理論の一般的な構造に論究しつつ**推論的仮説形成**（abduction），科学理論の**理論負荷性**（theory-ladenness),**専門マトリックス**(disciplinary matrix)という概念が音声学，音韻論の成立に如何に影響を与えているかを述べる．1.2 節は，音韻論と形態論との接触域について述べる．1.3 節では，音韻的な階層構造を仮定しようとする論拠をまとめる．1.4 節は手短に本章の趣旨をまとめる．

1.1 音声学・音韻論と科学理論の構成，言語構造，文法規則の式型

ここでは，音声学・音韻論という学問分野の成立をめぐり，それらの生物的基盤と科学理論としての基盤について述べ，それらの基盤どうしの関連についても言及しておく．というのも，科学もまた当然のことながらヒトの営みであり，ヒトの知的能力のもたらす可能性あるいは知的境界が存在し，それらが科学という営みの基盤を決定づけているはずだからである．

1.1.1 音声構造，音韻理論の構成と対象

ここでは，言語音声の生物的基盤，言語音声の研究が直面する言語的知識の側面について述べる．

クリスタルが述べているように（Crystal 1987），現世人（すなわち *Homo sapiens*）の**喉頭**（larynx）は他の人類種，類人猿に比し自由度が高い．頭蓋骨の底部のへこみという点において現世人はネアンデルタール人のそれに比し大きく，これが喉頭の自由度を拡張させ，言語音声の産出の多様性に大きく影響しているという仮説がある．この喉頭の自由度が言語音声の多様性の基盤となったと推測することは十分に可能である．

このような言語音声の多様性が直接に言語の創造性に貢献しているという考え方をひとまず採用することは可能ではあるが，このことと連携させつつ，さらにヒトの言語は**離散無限性**（discrete infinity）という性質を帯びることとなったことについても指摘しておく必要がある．この点についてはチョムスキー（Chomsky 2000: 3-4）において次のようなくだりがある．

(3) Human language is based on an elementary property that also seems to be biologically isolated: the property of discrete infinity, which is exhibited in its purest form by the natural numbers 1, 2, 3, ... This property intrigued Galileo, who regarded the discovery of a means to communicate our "most secret thoughts to

any other person with 24 characters" ... as the greatest of all human inventions. The invention succeeds because it reflects the discrete infinity of the language that these characters are used to represent.

無論,このような離散無限性が言語音声のみに固有の属性であるわけではない.この特性が自然言語のあらゆるレベルにおいて観察されることは想像に難くない.

a. 言語音声の構造性,範疇化と経済性との相互作用

一方において言語音声は多様であり,他方において言語音声が言語の要素として振る舞い,言語要素の構造性(あるいは階層性)を備えることで離散無限性成り立ち創造性を生み出しうる.このことをより明示的にするために言語音声の構造性について述べておくこととする.

それに先立ち,ここで「構造」という概念について述べておく必要がある.たとえば「教室の構造」という場合,それは①天井,床,窓,黒板,照明,椅子,机というような要素から構成されており,それらが②ある特定の方法で関係づけられているということが意識されている,ということを認めることができよう.きわめて簡略に述べれば「構造とは要素間に成り立つ関係」のことである.言語音声に構造がある,という場合,そこでは言語音声が特定の要素からなっており,それらが特定の方法で関係づけられているということが意図されている.

日本語の言語音声の構造についてきわめて簡略に観察してみよう.「日本語の音節は子音とそれに後続する母音からなる」と述べることも可能である.たとえば「つくえ」(机)は /tukue/ と表記することもできる.第3音節の /e/ については子音の随意性を仮定することで説明はつく.この表記について次の少なくとも2つの問題があることを読者は気づいているにちがいない.

(4) 言語音声の構造に関わる2つの問題
 a. 「つくえ」の冒頭の子音 /t/ は「たろう」(田老(地名))の冒頭の /t/ とは異なる.「たろう」(田老(地名))のアクセントは通例音節「ろ」に配置される.
 b. 第1音節の /u/ は声帯の振動を伴わない.

これらの問題は,①言語音声の**範疇化**(categorization)と②言語音声生成に関わる**経済性**(economy)に関わるものである.①は,日本語では [ts] と [t] とが同一の「言語音」として認められているという点に関わる事柄であり,②は,/tuk/ での「無声+有声+無声」という声帯での振動の切り替えの労力に関わる事柄で

ある．以下ではそれぞれについて予備的検討を行う．

①として言語音声の範疇化のことを挙げた．そもそも範疇化は，人間行動の基盤的部分を構成している．そしてこの基盤性が言語音声の範疇化に顕在化することは想像に難くない．たとえば，αさんとβさんが同一の空間に同時に存在している場合，αさんとβさんは別の人として認識される可能性があるのが通例である．これを事例①と呼ぶことにする．他方，異なる時間，別々の空間にαさんとβさんがいることがわかっていて，かつ，αさんとβさんが酷似している場合，2人は同一人物の可能性がある．これを事例②と呼ぶことにする．

言語音声の観察において，事例①のような分布がみられる場合，それは**最小対立**（minimal pair contrast）と呼ばれてきた．他方，事例②のような場合は，**相補分布**（complementary distribution），**音声的類似**（phonetic similarity）と呼ばれてきた．最小対立を成さず，相補分布と音声的類似が成り立つ場合，当該の言語音声は同一の音素を成すといわれる．たとえば日本語の [ts] と [t] は最小対立を成さず（同一環境に生ずることなく），音声的に類似しており，[ts] は [u] の前に，[t] は [a] の前に現れ相補的に分布しているので，日本語の [ts] と [t] は同一の音素 /t/ を形成することになる[1]．

次に②の経済性について検討する．経済性は，発音のしやすさと言い換えてみてもよい．/tukue/ の最初の母音の**有声化**（voicing）を省くことで発音の労力が削減されると考えてもよいであろう．同時に発音には明晰性が求められていることは読者も気づいているであろう．経済性を優先させ，母音の削除と**無声化**（devoicing）を推し進めたとしよう．これによって発音はしやすくなる可能性はある．しかしその可能性はきわめて限定されたものであることは容易に理解できる．というのも /takai/（高い）と /tukai/（遣い）の第1音節の母音を取り去ると，いずれもが [tkai] となり2語の区別が判然としなくなる．

異なる言語音が特定の原理系に基づき配列されることで，豊かな言語音声の生成が可能になる．したがって経済性と明晰性は，原理系によって連係していなくてはならない．その1つの可能性は次のようなものである．この原理は，アーチャンジェリによるものである（Archangeli 1984）．

---

[1] このような「音の集合としての音素」という考え方については後述する．日本語のカタカナ語彙にみられる限定された「ツァ」，「ティ」，「トゥ」の事例はここでは除外して考察を進める．

(5) 予測可能な音声的属性は削減せよ．

これは明晰性が維持されていれば経済性を高めることが許可されるということを表している．「つくえ」という事例について (5) を適用すると次のような推論が得られる．

(6) 日本語においては [ts] に後続する母音は /u/ のみである[2]．したがってこの母音 /u/ の何らかの属性に対して経済性の原理を適用できる．/u/ の左右には無声閉鎖音があり，母音を無声化することで [tsu̥k] という音連鎖全体が無声となり，その発音上の効率が高まる．

このような推論を次のような形式で表現することも可能である（[voiced] などの音韻**素性** (feature) については 1.2.1 項の後半で概略を示す）．

(7) 書き換え規則での形式化
　　ここで規則 a が規則 b に給餌する (feed)．
　a. t → ts / ＿＿ u
　b. u → [–voice] / ts ＿＿ [–voice]

規則 (7a) は次のように読む．

(8) u の左側（前）で（＿＿ u），t は ts へと交替する (t → ts)．

(7b) の「ts ＿＿ [–voice]」は u が ts と [–voice] な音（すなわち無声音）に挟まれていることを表している．ここで規則 (7a) は，(7b) が適用される音韻環境を生み出すことで (7b) に給餌している．音韻規則間に順序づけるという想定の下，キパースキーは「音韻規則の順序づけは，それらの適用可能性が高まる方向に言語変化は発生する」という主旨の仮説を提示した (Kiparsky 1968a)．規則 (7a) が (7b) の適用可能性を拡大しているという点において，(7) の順序づけは自然な音韻過程となっているともいえる．

「高い」と「遣い」での第 1 音節の母音の削除，あるいは無声化についてまとめておくことにする．/takai/ の第 1 音節は (6) によって予測することはできない．したがって (7) による無声化も起こらない．他方，/tukai/ については予測可能な無声化であり，(7) によって説明することが可能である．

このように，1950 年代以降の言語研究においては文法規則一般が**構造記述**

---

[2] **精密表記** (narrow transcription) においては [ɯ] という表記がより妥当である．母音の無声化を同化の一種とみなし，経済性のもとに説明を試みる分析が窪薗 (1999: 38-44) においても行われている．

（structural description）と**構造変化**（structural change）の部分から構成されていると仮定してきている．A→B という変化が X ＿＿ Y という環境で生ずることを次のように表記する．

(9) 文法規則の一般的式型
　　A → B/X ＿＿ Y

これを XAY → XBY と読み替えてもよい．「/」の左部分が構造変化であり，その右部分が構造記述である．構造記述は，音韻構造についての捉え方を反映するものであり，とりわけ 1970 年代での**自律分節音韻論**（Autosegmental Phonology）と**韻律音韻論**（Metrical Phonology）の登場は，構造記述のあり方を大きく変えた．これについては以下で英語の帯気音化（aspiration）の事例をもとに具体例を交えて説明することとする．

b. 言語音声の科学のいくつかの論点

ここでは次のようなことが想定されており，これらのことが，私たちが言語音声を観察する際の方法や視点に影響を与え，言語音声の見方に影響している．このようにして私たちが研究の対象としてさまざまな事象を観察し分析する際に，専門家の間のやりとりを可能ならしめているものを専門マトリックスと呼ぶ（専門マトリックスの定義づけについてはクーン（Kuhn 1962: 182）を参照のこと）．

(10) 想定されている専門マトリックス
　a. 発音器官による調音（言語音の産出）に関わる事項
　b. 言語音の精密表記と簡略表記に関わる事項
　c. 精密表記と**簡略表記**（broad transcription）の関連づけに関する事項
　d. 科学理論の成立に関わる一般的事項

詳細，かつ厳密に論ずれば，さらに想定事項を加える必要もあるが，さらなる詳細については別巻に委ねることとし，この章においてはとりあえず上記 4 つのみを列挙し，それらについて以下，説明していく．

1.1.2　言語音声の科学の専門マトリックス

ここでは音声学，音韻論における専門的なやりとりを可能ならしめている論理的な構造，その諸要素について序論的素描を行う．

a. 発音器官による調音（言語音の産出）に関わる事項

ヒトは，さまざまな音を産出できる音声器官を備えており，それらの音の下位

表1 英語の子音表

	両唇音	唇歯音	歯音	歯茎音	後歯茎音	硬口蓋歯茎音	硬口蓋音	軟口蓋音	声門音
閉鎖音	p b			t d				k g	
破擦音					tr dr	tʃ dʒ			
鼻音	m			n				ŋ	
側音				l					
摩擦音		f v	θ ð	s z	r	ʃ ʒ			h
半母音	w						j		

集合が個別言語の言語音の組織を形成している．音それ自体としては，/s/ 音から /ç/ 音にかけて連続的に推移させつつ試行的に音生成を行うことは可能ではある．他方，個別言語においてはその連続からいくつかの部分を選択することで音組織が成り立っている．たとえば英語の音組織ではその連続的に推移する部分から /s/（たとえば sea）と /ʃ/（たとえば she）とを選び取って言語として有効な選択・音結合を形成させている．日本語ではむしろ /s/（たとえば「救い」の冒頭の音）と /ç/（たとえば「資格」の冒頭の音），/ç/（たとえば「比較」の冒頭の音）が選択されている．このような意味合いにおいて個別言語の音組織は不連続的要素から構成されている．

個別言語の音の一覧は**調音点**（point of articulation），**調音様式**（manner of articulation）という2つの次元によって構成される．一例として英語の子音表を表1に示す（Jones 1960: xvii）．

たとえば keep は発音記号上では3つの言語音の連鎖 /kiːp/ として記述される．ここで冒頭と末尾に配置されている無声閉鎖音 /k/ と /p/ は環境に応じて変異している．このことについては次項で扱うこととする．

言語音を素性の束とみなして体系的な説明を試みるという手法がハレ（Halle 1964）以降において展開されてきた．

表2に示した素性はこれまでに仮定されてきたものの一部である（全体像については Chomsky and Halle (1968)，Halle (1992)，さらに音韻素性の階層化による音韻素性間の一般化についてはクレメンツ（Clements 1985）を参照されたい）．

表2により /p/ は [-voiced, -coronal, +labial, -nasal] となり，/m/ は有声性と鼻音性において /p/ と異なり [+voiced, -coronal, +labial, +nasal] という素性

表2　音韻素性の例

	p	b	m	t
Voiced	[-voiced]	[+voiced]	[+voiced]	[-voiced]
Coronal	[-coronal]	[-coronal]	[-coronal]	[+coronal]
Labial	[+labial]	[+labial]	[+labial]	[-labial]
Nasal	[-nasal]	[-nasal]	[+nasal]	[-nasal]

指定を受ける．ここで [+nasal] であれば [+voiced] であるので，次のような**余剰規則** (redundancy rule) を設け，/m/ の素性指定から [voiced] についての指定を取り去り [∅voiced, -coronal, +labial, +nasal] とすることも可能である．一般に**自鳴音** (sonorant) (母音，流音 (r と l)，鼻音の類) は有声とみなすことができるので次のような，より一般的な余剰規則を設定することも可能である．

(11) [α sonorant] → [α voiced]

(11) において α は + と - の値をとりうると仮定されているので /p/ と /t/ から [-voiced] の指定を省くこともできる．

b. 言語音の精密表記と簡略表記に関わる事項

ジョーンズ (Jones 1960: 49) は keep, cool, call において /k/ が音声的な変異を示すことを観察している．

(12) The **k**'s in the English words *keep, cool, call* are three distinct sounds articulated at different parts of the palate; but they are regarded as belonging to the same phoneme, since the use of these varieties of **k** is dependent solely upon the nature of the adjoining vowel.

ここで phoneme (音素) という術語が登場している．これは，音声的に類似しかつ相互に相補分布を成す「音の集合」(family of sounds) を指している．Jones (1960: 146-47) においては，その変異はさらに4つに区分されている．

(13) The English **k**-phoneme contains several easily distinguishable members. Firstly, there are variations in the place of tongue-articulation dependent upon the nature of a following vowel. ... Secondly, there exist varieties of **k** with different degrees of lip-rounding, the most notable being a strongly lip-rounded **k** used before **w** (as in *queen* **kwiːn**). ... Thirdly, the amount of 'aspiration' of **k** before a vowel varies like that of **p** and **t** ... Fourthly, **k** has nasal plosion before nasal con-

> **コラム1● ガ行鼻濁音の発音のゆれ**
>
> 　日本放送協会の出版する『発音アクセント辞典』では「だい<u>が</u>く（大学）」の下線部にみられる「ガ行鼻音」を「カ゜」と記している．たとえば「大学」は「ダイカ゜ク」となる．単独の「学校」のように語頭にある場合には濁音として発音され，「カ゜ッコー」のような発音を聴くことはない．「中学校」（チューカ゜ッコー）と対比のこと．「学校」に「専門」という語を結合し複合語とした「専門学校」は「センモンガッコー」と辞典では記されている．このような複合語ではその成熟が影響してのことか，「第一原（ゲ，ケ゜）子力発電所」のような場合，2通りの発音を聴くことがある．

　　　　　sonants（as in *acme* ˈækmi, *Faulkner* ˈfɔːknə, *bacon* ˈbeikn or ˈbeikŋ）
第1は，/k/ に後続する母音からの影響によって /k/ の産出の際の調音点が変動する事例であり，第2は，後続する /w/ などによって /k/ が円唇化（labialization）を受ける事例であり，第3は，頭子音の先頭での帯気音化の事例であり，第4は，後続する鼻音の影響を受け /k/ の調音に際し，鼻腔への呼気の開放が生ずるという事例である．(12) において例示されているものは第1の型のものである．
　ここにみられるように音声学，音韻論の分析に際して，一方において，より抽象的なレベルを仮定し，他方においては音産出の際の環境による影響を考慮に入れるレベルを仮定している．前者における言語音の単位を音素と呼び，後者における言語音の単位を**異音**（allophone）と呼ぶ．上記において取り上げた事例「つくえ」の第1音節の母音の無声化は，音素のレベル /tukue/（簡略表記）と異音のレベル [tsu̥kɯe]（精密表記）とをつなぐ過程である[3]．前者を簡略表記,後者を精密表記と呼ぶ．次項においてはこれら2つの表記をいかに関連づけるか，について述べる．

c.　精密表記と簡略表記の関連づけに関する事項
　精密表記と簡略表記の関連づけは，ヒトの知的行為の1つ，抽象化の過程の1つでもある．たとえば『言語学入門』と題する書籍が2冊あり，その著者名，出

---

[3] 「つくえ」の精密表記において第2音節もまた無声化され，[k] に摩擦音 [x] が後続し [tsu̥kxɯ̥e] と具現している可能性がある．ここで [x] は軟口蓋無声摩擦音である．

版年などの書誌情報が同一であるとする．一方において（これを①とする），それら2冊は，言語学という学術的な領域において果たす役割，たとえば「言語学を志す学生たちの精神的糧となる」，「ヒトの言語について言語学の学界において標準的とみなされる理解を代表している」ということにおいて決定的に同一でありうる．他方（これを②とする），それらの2冊を読む人物がそれぞれに異なる場合，それぞれの人物の学究的生活においてその書籍が果たす役割が異なる可能性がある．どのような点においてその書籍が読み手である学生，教員・研究者にとって新しい情報を提供しているか，「言語学概論」という講義の参考資料として使用する場合にどのような価値があるのか，等々の点において異なりうる．②は個々の人々と『言語学入門』という書籍の一冊一冊との関わりを指しており，他方①は個体（ヒトと書籍）間の個別的な関係を捨象したもののうえに成り立っている．

　言語音にも前段の①と②のような概念がある．①において，言語音は相互の個別的な関係を捨象した状態で観察される．たとえば「英語のp音」や「英語のl音」という場合，個別的な関係は捨象されている．これらを「英語の音素p」，「英語の音素l」と呼ぶことにする．これに対して，「英語のpeakのp音」や「英語のschoolのl音」という場合，それらの音は，「アクセントをもつ音節の頭子音の先頭」や「音節の**末尾子音**（coda）の末尾」という環境との関係において観察され，前者はspeakのp音，後者はlightのl音とは区別されて捉えられている[4]．

(14) 英語の異音の事例
　a. 強い帯気を伴うp音　peak
　b. 強い帯気を伴わないp音　speak
　c. 後舌部の持ち上げを伴うl音　school
　d. 後舌部の持ち上げを伴わないl音　light

これらを英語の音素を構成する異音pと異音lと呼ぶことにする．とくに（14a）は帯気音化されたp，（14c）は暗い音色のlと呼ばれる．

　言語音を捉えようとする，これら2つのレベルの関係づけについては，これまでに幾通りもの考え方が提案されてきている．この章はそれらを網羅することは行わず，2つの代表的な考え方を略述し，詳細については別の巻に譲る．1つは

---

[4] ここではJones（1960: 176 fn. 8）において指摘されている下記のような事例を除外して説明を進める．
It should be remarked here that the treatment of l-sounds is different in other types of English. In particular, in Scottish English and in American English dark l is commonly used in all positions.

1960年代以降の音韻研究に大きな影響を与えた**生成音韻論**であり，とくにこの時期の理論を派生主義理論と呼ぶことにする．2つめは1990年代から展開され，統語論にも応用されつつある**最適性理論**（optimality theory）である．

これら2つの理論はいずれも生成装置と音韻上の制約の集合を想定している．決定的に異なるのは，生成装置の内容についての仮説であり，それに伴う音韻的制約のあり方である．

　①**派生主義音韻論**　　チョムスキーら（Chomsky 1964; Halle 1964; Chomsky and Halle 1968）にはじまり展開されてきた派生主義理論においては，生成装置の内容について明示的な言及を行うことが重視されており，生成装置は順序づけられている音韻規則から構成されていると仮定されている．相対的に音韻的制約は補助的なものとみなされてきた．交替の条件（alternation condition）（Kiparsky 1968b）と**不完全指定**（Underspecification）理論（Archangeli 1984）によって，基底表示（underlying representation）（あるいは語彙表示（lexical representation））が仮定され，適正な音声表示（あるいは音声形式）を産み出すべく音韻派生が組まれることになる．交替の条件は，音声的に具現することのない，基底表示間の区分を認めないとする原理で，派生段階を可能な限り簡略化するものである．不完全指定理論は，音韻規則などによって予測できる情報は基底表示から省くべし，とするものである．音韻派生とは，音韻規則を順序立てて適用していくことを指している．音韻規則の順序には**外在的順序づけ**（extrinsic ordering）と**内在的順序づけ**（intrinsic ordering）とがあり，前者は規則の適用順序を個別に指定していくものであり，後者は規則の適用順序を無指定にしておくことである．

　内在的順序づけは音韻論的原理によって成立する場合がある．たとえば**非該当条件**（elsewhere condition）という音韻論的原理がこれにあたる．

(15) 非該当条件（Kiparsky 1973）
　　次の条件を満たす場合音韻規則 α は音韻規則 β に対して先行して適用され，前者が効果を生む場合には後者は適用されない．
　　a. 音韻規則 α の構造記述が音韻規則 β の構造記述によって真に包含されている（properly included）．
　　b. 音韻規則 α の構造変化は音韻規則 β の構造変化と異なる（distinct）．

非該当条件は言語普遍的原理であると想定されている．

　たとえば，peak vs. speak について，(16a) のような音韻規則を設定すると仮定

しよう（#は語境界を指している）．

(16) 低次元の音声交替　帯気音化
  a. ［-continuant］→［+aspirated］onset-initially
  b. ［-labial］→［+labial］/#［＿＿, -coronal, -continuant, -voiced］/iːk/#
  c. ［+labial, -coronal, -continuant, -voiced, -vocalic, +consonantal, Øaspirated］

ここでは /p/ の部分の詳細のみ (16c) に示しておく．(16c) が述べていることは，唇音であり（［+labial］），舌頂音ではなく（［-coronal］），継続音ではなく（［-continuant］），有声音ではなく（［-voiced］），母音的音ではなく（［-vocalic］），子音的音であり（［+consonantal］），帯気性については無標である（［Øaspirated］）ということである．peak の /p/ も speak の /p/ も基底においては ［Øaspirated］ であるが，(16a) により peak の /p/ には ［+aspirated］ が付与される．他方 speak の /p/ には次の規則により ［-aspirated］ が与えられると考えることができる．

(17) ∅ →［-aspirated］

(16a) と (17) は非該当条件の適用対象となり，(16a) が適用されない場合にのみ (17) が適用される．というのも，① (17) の構造記述は (16a) のそれを包含しており ((17) は ［aspirated］ が無指定であればどのような場合にも当てはまる)，② (16a) と (17) は，適用結果が異なる ((16a) は ［+aspirated］ を付与し，(17) は ［-aspirated］ を付与する) からである．

音韻規則 (16a) の設定については，不完全指定理論と**自然性の条件** (naturalness condition) に抵触することなく，抽象的な表示と音声表示とが関係づけられる．たとえば peak において冒頭の無声両唇閉鎖音が帯気音化されることは予測可能なことなので，基底表示から ［+aspirated］ の情報は省かれる．

これとは対照的に (16b) が英語の音韻規則として仮定されることはない．この「規則」は /kiːk/ から ［piːk］ を「派生」しようとするものである．この疑似規則は，基底表示として /kiːk/ が存在することを措定しており，この基底表示が音声的に具現する際に必ず ［piːk］ へと派生されること（**絶対的中和**）を想定している．この想定は自然性の条件に抵触している．というのも，この疑似規則は必然性なく不必要に派生を延伸させ抽象化させているからである．

(14c, d) の事例については，「後舌部が持ち上げられる」という暗い音色の /l/ の属性は下記の規則により予測可能である．

(18) 低次元の音声交替　後舌音化

[+lateral] → [+back] in syllable coda

したがって school の /l/ の後舌性は基底での表示においては不完全指定理論により省かれることになる．この章の前の頁において，たとえばアメリカ英語においては /l/ はすべてが暗い音色であるという主旨のことを引用してある．この事実は [+lateral] → [+back] によって捉えられる．この規則はすべての /l/ に対して適用され，不完全指定理論と相まって基底表示においてすべての /l/ から [back] の素性指定を省くという効果をもつことになる．

このように派生主義的な接近法においては，特定の音連鎖を基底表示として仮定し，それらに一連の音韻規則を適用することで音声表示を得る，という考え方をとっている．ここでは，どのような音韻規則が設定されているのかが重要な意味合いをもっている．

②**最適性理論に基づく音韻論**　　派生主義的音韻論という接近法とは対照的に，最適性理論はどのような音韻規則が生成装置に内蔵されているかを問わない．任意の基底形式を元に実質的に無限の出力の候補を認め，それらの候補に対して次のような音韻的な制約を課すことで最適な候補が選ばれる，という捉え方をする．以下ではハモンドの最適性理論（Hammond 2000）の記述を引用しつつ，その説明方法を概略的に述べる．

最適性理論においては，任意の基底形式をもとに無限の候補を認める，と述べたが，それは次のような内容である．基底形式として cat /kæt/ を仮定することとする．

(19) /kæt/ → {[kæt], [kʰæt], [dɔg], ..., etc}

{ } 内は無限の候補を含んでいる．これらの候補群に対して言語普遍的な諸制約を適用し，最適な候補を選び取る．その際，それらの諸制約はランクづけられており，そのランクづけは個別言語ごとに異なると仮定する．ここでは次の2つの言語普遍的な制約が関係している．

(20) ランクづけされた言語普遍的制約
  a. FAITH
    Input and output should be identical.
  b. ASPIRATION
    Word-initial voiceless stops are aspirated.
  c. ASPIRATION ≫ FAITH

表3 帯気音化に関わる分析事例

/kæt/	Aspiration	Faith
[kæt]	*!	
☞ [kʰæt]		*
[dɔg]		**!*

ここで「≫」は，言語個別的なランクづけを表しており，(20c) は，英語では (20b) が (20a) よりもランクが高いことを表現している．したがって (20b) に対する違反は，(20a) に対する違反よりも重い．

ここで記号！は，その違反が決定的なものであることを示している．候補 [dɔg] は大きく Faith に違反している．[kæt] は，冒頭の軟口蓋無声閉鎖音が帯気音化されていないことから Aspiration 違反している．[kʰæt] は，冒頭の軟口蓋無声閉鎖音が帯気音化されていることから Faith に違反している．後者2つの違反の軽重が (20c) に表明されており，これによって表3に列記した候補群の中から [kʰæt] が最適の候補として選択されることになる（☞ は最適の候補を示す）．

ここではハモンド（Hammond, M.）による最適性理論の基本的な理解を紹介した．英語の帯気音化については**弾音化**（flapping），**声門音化**（glottalization）などの音声交替との相対的な関係を総合的に捉える必要もある．

d. 科学理論の成立に関わる一般的事項

科学理論は一般に，その時代の科学技術との関連において制約されるものであり，他方では，その理論それ自体の革新の到来をまたなくてはならないときもある．たとえば前節において言及した帯気音化という音声現象をもたらしているものは当該の閉鎖音の**声の出だしの時間**（voice onset time: VOT）の長さ（あるいは遅れ）と閉鎖の**開始段階**（onset phase）との相対的な関係である．リスカー・アブラムスン（Lisker and Abramson 1967: 25ff）は，/p t k/ の VOT と /b d g/ の VOT との総体的な長さの違い，とくに，「総じて /p t k/ の VOT は /b d g/ の VOT よりも長い」という主旨の事柄を記述しつつも，強勢などの生起環境に応じて VOT が変化することが観察されている．

1960年代の後半になり，生成文法における音韻論の展開が大きく行われ，基本論の提示（Chomsky 1964; Halle 1964）を受けて，派生主義的な理論モデル（Chomsky and Halle 1968）が提示された．その中では，英語における無声閉鎖音の帯気

音化については短評が加えられるにとどまった.

1970 年代から 80 年代においては音韻的要素, すなわち分節音の捉え方に大きな変更が行われた. とりわけ自律分節音韻論と韻律音韻論が特筆すべき理論体系である. 前者の枠組みにおいてはカーン (Kahn 1976) が, 後者の枠組みにおいてはキパースキー (Kiparsky 1979) が帯気音化についての理論的分析を加えた. これらはいずれも音声素性の交替として帯気音化を捉えようとしている.

他方ではブロウマン・ゴールドスタイン (Browman and Goldstein 1989) は, 調音に関わるタスクダイナミクス理論の視点から音韻論の基本要素として**調音動作** (articulatory gestures) を措定することを提案している. ここでは, 声門音化は声門の開口 (glottal aperture: GLO) のタイミングの延伸による調音動作の重複 (overlap) として捉えられる.

このような理論展開の中で, 帯気音化は, 音韻論分析の対象として捉えられ音声素性との関連で論じられるようになり, 他方ではタスクダイナミクス理論との関連で, 調音動作の事実に寄り添う方向に進展する部分も登場してきた. 1960 年代においては VOT についての音声学的研究の成果が生成音韻論の分析のなかに組み込まれることは延期された. この際の議論の焦点は, いかにして生成文法という目的のなかに音韻研究を位置づけるかにあった. この中で重視されていた論点は, 語強勢の体系, electric-electricity にみられるような**軟口蓋音軟化** (velar softening) などの形態論的に動機づけられた音素交替を文法的派生という統合的な手順の中に収めることであった. それに際して, 音節 (syllable) という概念についての言及は一時的に留保された. この音節という概念を本格的に生成音韻論の枠組みのなかにくみこむ作業が自律分節音韻論と韻律音韻論において行われることで, 音韻理論は音声的実質という方向に大きく舵をとることとなった.

このように音声学と音韻論の連係を推し進めてきたものは, 音韻理論のパラダイム的な転回, クーンの言葉では専門マトリックスの転回である. このような転回の機軸となっているのは下記のものである.

(21) 音韻論における専門マトリックスの転回
   a. 音韻的基本要素の措定
   b. 音韻的派生の統合・簡潔化

(21a) については, 生成音韻論以前の段階において, 相補分布や最小対立というような基準によって音素という概念が設定され, それは分類的機能を担うもの

であった．生成音韻論は自然言語の音韻的理解の中に「音韻派生」という概念を導入した．これによって音素という概念を設ける必然性がなくなった（議論の詳細については Chomsky（1964）を参照のこと）．

　(21b) は生成音韻論とともに登場した概念である．個別言語的な音韻規則とともに，言語普遍的な原理，音韻的制約，フィルターというようなさまざまな説明装置が提案されることとなった．1990 年代に最適性理論の登場とともに音韻派生の中身を問わない理論的な枠組みが提案され，説明装置は「言語普遍的制約を個別言語ごとにランクづける」ことによって統合され，大きく簡略化の方向に向かった．

1.1.3　音声学と音韻論

　ここでは，動物の伝達体系と対照させたときの人間言語の属性に言及し，その属性に音声学と音韻論がどのように接近していくのかを述べる．

　ホケット（Hockett, C.）は上記 2 つの体系が 15 の属性において異なる可能性を指摘している．これらは互いに完全に独立した概念とは限らない．それらの中に discreteness と productivity が含まれている．前者は，言語要素は相互に置き換えることが可能であり，とくに即物的レベルにおいては連続性を有しているものの近くにおいては不連続の要素として言語表現を構築する，という主旨の事柄である．後者は，まったく新規の言語表現を産出しうるということである．チョムスキー（Chomsky 2000: 3-4）が離散無限性と命名する概念に言及し，言語の創造的側面について観察していることについては本章の冒頭部においてふれてある．

　言語のこのような属性について音声学，音韻論が扱うべき問題がいかなるものかについて，ここで述べておく必要がある．それは次のように表現することとしよう．

　(22) どのような意味合いにおいて言語音は相互に置き換え可能か．
たとえば発音の簡略表記においては，top の冒頭の無声閉鎖音は tip の冒頭のそれと同じ記号を用いる．

　(23) *top*/tɔp/　　　　　*tip*/tip/
ここで表示している限りではこれらの t は相互に置き換え可能にもみえる．他方，これらの t の調音点に焦点を当て精密に表記すると次のようなものとなる．

(24) top [tʰɔp]　　　　tip [tʲip]

実際，英語において，これら2つのtの具現形 [tʰ] と [tʲ] を相互に置き換えることは top と tip の発音としては明白に容認不可能である．

(25) top *[tʲɔp]　　　　tip *[tʰip]

他方，英語では /t/ 音と /p/ 音は最小対立をなすので，置き換えることによって別の語彙項目が生成される．

(26) ten *vs.* pen　　hot *vs.* hop

さらに pen と pet のそれぞれの母音を比べると前者の母音が鼻音化 (nasalization) されていることも観察できる．これは，鼻をつまむなどして鼻腔の呼気の流れを遮断して，これらの2語を発音することで容易に知覚できる．精密表記においては，母音の鼻音性の違いは次のように表記される．

(27) pen [pẽn] *vs.* pet [pet]

さらに事例を加えれば，ジョーンズ (Jones 1960: 220) において，無声閉鎖音で始まる plate の l の部分的無声化は無声摩擦音で始まる slate の l の部分的無声化よりも進行している，という記述がある．これは次のように表現することができる．

(28) late [leit]　　slate [sl̥eit]　　　　plate [pl̥eit]

slate の発音表記における [l̥] は，/l/ が無声から有声へと連続して変化していることを表している．(28) において記述されている /l/ の3つの具現形もまた任意の**言語使用域** (register) 内において相互に置き換えることは不可能である．たとえば，同一の場面，すなわち言語使用域において，[l] と [l̥] を相互に置き換え，英語母語話者が [l̥eit]，[pleit] とすることは容認不可能である．

　それでは音声学，音韻論において成立する離散無限性とはどのようなものなのか．離散無限性を「特定の階層的な構造の中で有限の要素を繰り返し使用するという人間言語の特性」というように，さらに具体的に述べて進むことにする．したがって言語音声について特定の階層的な構造の一部を次のように仮定してみよう．

(29) 音韻的階層構造の一部

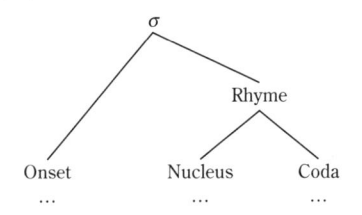

```
              σ
           ／  ＼
          ／   Rhyme
         ／    ／  ＼
       Onset Nucleus Coda
        ...    ...    ...
```

ここで「…」は任意の言語音，あるいは素性の束を指す．σは音節，Nucleus は音節の核（nucleus）であり，母音ないしそれに次ぐ言語音が配置される．頭子音は音声内において音節核の左側の子音，末尾子音（Coda）は音節内において音節核の右側の子音である．top においては /t/ が頭子音，/p/ は末尾子音，母音は音節核を占める．たとえば better のように母音に挟まれた位置に子音がある場合，その子音がどちらの音節に所属するかが問題となる．クレメンツとカイザーなどの主張（Clements and Keyser 1983）を受け入れ，頭子音を優先して子音の所属が決まると考えることとする．当該言語において単語の先頭に生起しうる子音あるいは**子音群**（consonant cluster）が頭子音になりうるとみなす．**両音節性**（ambisyllabicity）を認めるか否かについてはここでは保留し，関連する議論を別の巻に譲ることとする．

このような音節構造を仮定する場合にすでに観察した事例がどのように捉えられるのかを検討してみよう．まずは culture にみられる暗い音色の /l/ について音節構造を描くと，/l/ は末尾子音に属すことがわかる．というのも，/ltʃ/ という子音連鎖で始まる語が英語には存在しないからである．したがって /tʃ/ が第 2 音節の頭子音となる．次のような一般化が成り立つ．

(30) 末尾子音にある /l/ は暗い音色の /l/ である．それ以外は明るい音色の /l/ である．

これによって light, cool, pillow での /l/ の音色を説明することができる．pillow においては /l/ は頭子音に属すと仮定されている．(30) での記述を派生主義的音韻論の手法で形式化すると次のような規則が得られる可能性がある．

(31) /l/ → [+back] / ―――――
　　　　　　　　　　　　｜
　　　　　　　　　　　Coda

このように特定の音韻構造内において /l/ が暗い音色をもつことが予測されることになり，逆に，抽象的なレベル（たとえば言語音を認知するレベル）においては明るい音色の /l/ と暗い音色の /l/ とを区別する必要がなくなる．

このように人間の言語の音声体系においては，音声的要素が構造的に関係づけられていると仮定することによって，それらが相互に置き換えられ，本質的に無尽蔵の生成を可能にしていることがわかる．たとえば pot と top においては /p/ 音と /t/ 音とが相互に置き換えられ，まったく別の言語形式（語）を産み出している．ここで，それぞれの語の末尾の無声閉鎖音が声門閉鎖音 [ʔ] へと中和されていることを明記しておく必要がある．これらの語の語頭の無声閉鎖音は，この点に加え，①後続の母音の調音点を備えており，②アクセントをもつ音節の頭子音の先頭であるために帯気音化されており，語末の両唇閉鎖音とは大きく異なる[5]．これにもかかわらず，語頭，語末の両唇閉鎖音の2つの具現形が同一の言語音とみなされているのは，前述の3つの属性すべてを言語構造から予測することが可能だからである．

1.2 形態論（語形成）と音韻論

ここでは形態論と音韻論の境界と関連について述べておくことにする．

一般論として，言語についての任意の記述が音韻論，統語論，意味論のいずれに属すかという問いは，当該の記述がどのような基本要素，元素に基づくものであるか，によって判断できる．たとえば次の規則 (32) (=31) については，

(32) /l/→[+back]/ _____
                    |
                  Coda

(32) は，①[back] という音韻素性と② Coda という音節構造内の階層的要素に言及している．クレメンツ（Clements 1985）とセイジー（Sagey 1986）においては音韻素性もまた階層的要素である．したがって規則 (32) は音韻論に属すとみなすことが可能である．

---

[5] 語末の無声閉鎖子音が音節核の母音を短くすることはギムスン（Gimson 1962）などによって指摘されている．これもまた語頭，語末の両唇閉鎖音の2つの具現形の予測の根拠となる．

他方，チョムスキーとハレ（Chomsky and Halle 1968）においては (33) のような音素的交替を説明するために規則が設定されており，それらの規則は接辞のクラス（レベル）分けに言及する情報を含んでいる．

(33) 音素的交替の事例
 a. electric-electricity, opaque-opacity
 b. democrat-democracy, transparent-transparency

これらの規則は (33a) の事例を扱うものが軟口蓋音軟化，(33b) を扱うものが**摩擦音化**（spirantization）と命名されている（Chomsky and Halle 1968）．これらでは前方高段（[-back, +high]）母音の左側の /k t/ はそれぞれ /s/ へと派生する機能を備えているとはいえ，次の例には当てはまらない．

(34) 軟口蓋音軟化，摩擦音化が観察されない事例
 a. traffic-trafficking, psychology-psychic
 b. salt-salty, construct-constructive

(34a) と (34b) の事例を比較すると，ここで言及している英語の軟口蓋音軟化と摩擦音化は後続の**接尾辞**（suffix）によるということが推測できる．

他方，それら2つの音韻過程は接尾辞が語幹に付加される環境において発生するものでもあり，このことは単一の**形態素**（morpheme）に関してそれらの音韻過程を当てはめてみるとさらに明らかになる．たとえば face /feis/ の基底形式として /feiki/ を想定しつつ次のような仮想規則を軟口蓋閉鎖音軟化規則の後に外在的に順序づけて設けることとしよう．

(35) 仮想規則
 /i/ → φ / /s/ ___]

(35) は語末で /i/ を削除するというものであり，「/feiki/ → /feisi/ → /feis/」のような擬似的派生を想定するものである．これは交替の条件などに抵触している．このような意味でこれらの音韻過程は**形態（論）的に条件づけられている**（morphologically conditioned）といえる．

軟口蓋音軟化や摩擦音化とは異なり，アメリカ英語の弾音化は，事例にみられるように，形態的に条件づけられてはいない．

(36) 弾音化と形態論的構造
 a. water, better, shutter, hearty
 b. master, after, attack, retain, reactor, hasty

(36a) において /t/ はすべてが弾音化可能であり（発音記号は [ɾ]），water, better は形態的に単一の項目であり，shutter と hearty は2つの形態素からなる．(36b) では /t/ の弾音化は不自然である．概略「母音と無アクセント母音とに挟まれた位置で弾音化は可能である」という一般化が (36) の事例において成り立っており，この一般化は形態的な環境に依存するものではない．このような意味で，アメリカ英語の弾音化は形態的に条件づけられてはいない．

1.3 音韻構造の階層性

ここでは冒頭提示した音韻現象を取り上げ，音韻構造の階層性について説明を加えておく．1つは ten books/coins にみられる調音点同化の事例であり，2つめは fifteen boys/... is fifteen にみられるアクセントの移動の現象である．

音韻構造がどのような階層性を含むかについては，採用されている音韻理論によって異なってくる．これは科学理論の理論負荷性の顕れである．ここでは，調音点同化については，自律分節音韻論（Goldsmith 1976 など）により，アクセントの移動については韻律音韻論（Liberman and Prince 1977 など）により，分析の可能性を提示する．内容をよりわかりやすくするために簡略化を加えることをおことわりしておきたい．

1.3.1 調音点同化と自律分節音韻論

音声学・音韻論の多くの著作において，そして本章もまた，発音記号を例示する際に縦軸と横軸とからなる2次元的な一覧表を使用している．それに際してはたとえば縦軸には調音様式，横軸には調音点が割り振られることで交差する座標が生じ，それらに呼応する発音記号を配置する．たとえば /n/ は「歯茎」という調音点と「鼻音」という調音様式とが交差するところに位置づけられている．ここで調音点と調音様式は相互に独立的なものである．

このような2次元性を次のように表してみよう．

(37) 自律分節的表示

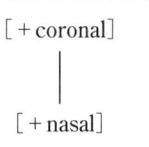

　　　［＋coronal］
　　　　　｜
　　　［＋nasal］

［coronal］と［nasal］はそれぞれ調音点，調音様式を表しており，別々の層（tier）を成していると考えてみる．

　このように言語音が複数の層から成ると仮定する場合，can の母音が鼻音性を帯びていることはどのように説明できるであろうか．まずは「母音は特別なことがない限り鼻音性を帯びない」という事実を次のような余剰規則で捉えることとする．

(38) ［＋vocalic］→［－nasal］

不完全指定理論により can の母音の部分の基底表示から［－nasal］の指定は省かれることとなる．この語の音韻構造を次のように表すことができる（ここで関係する部分を中心に提示する）．

(39) can/kæn/の基底表示

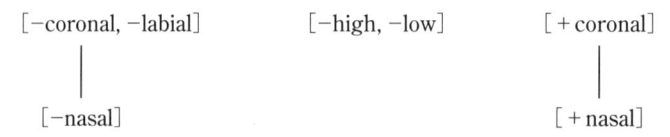

　　［－coronal, －labial］　　　［－high, －low］　　　［＋coronal］
　　　　　｜　　　　　　　　　　　　　　　　　　　　　　　｜
　　　［－nasal］　　　　　　　　　　　　　　　　　　　［＋nasal］

ここで母音の鼻音性は省いてある．母音の鼻音性が /n/ から来るものであることを次のように表現してみよう．

(40) can/kæn/の派生表示

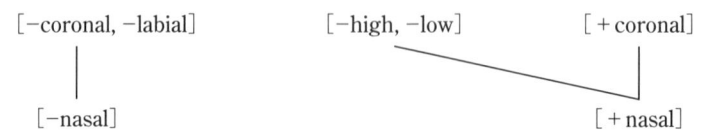

　　［－coronal, －labial］　　　［－high, －low］　　　［＋coronal］
　　　　　｜　　　　　　　　　　　　＼＿＿＿＿＿＿＿＿＿＿／
　　　［－nasal］　　　　　　　　　　　　　　　　　　　［＋nasal］

ここで (39) から (40) を産み出す音韻操作を次のように仮定しよう．

(41) Spread ［＋nasal］onto vacant slots.

これは［nasal］について指定がない場合には隣接するスロットから［＋nasal］の指定が拡張されるということを表している．

　さてこのような分析法を ten [m] minutes に当てはめてみよう．ここでは

[−coronal, +labial] が (40) のごとく拡張されると説明できる可能性がある．このことは次のような余剰規則と関係づけられる．

(42) [　] → [−coronal, +labial]

(42)により歯茎音の調音的属性は基底からは省かれることになる．そこで次のような派生表示が得られることになる．ここでは ten minutes の下線部のみ示すこととする．

(43) ten[m]minutes

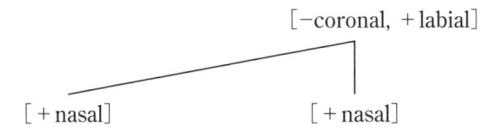

```
              [−coronal, +labial]
            ／              ｜
      [+nasal]         [+nasal]
```

ヘフナー（Heffner 1950: 194-95）では調音点の**融合**（fusion）について観察が行われており，このような現象についても自律分節的な説明を求めることは可能である．

(44) Heffner の mixed double consonants についての観察

　　In English, the release of [k] in *act*, or in the phrase *we lack time*, is usually omitted. The dental occlusion is made while the palatal or velar stop is still intact, and the result is a fused articulation which has the onset of [k] and the release of [t]. ... One may indicate this graphically by writing [k͡t], ... One may suggest that such fusions as [k͡t] or [t͡k] might reasonably be called mixed double consonants.

たとえば we lack time にみられるような融合は次のように表現することが可能であろう．

(45) we lack[k͡t]time の表示

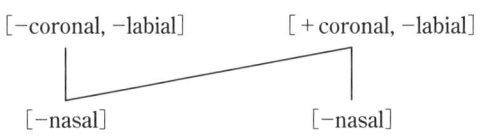

```
   [−coronal, −labial]    [+coronal, −labial]
          ｜                     ｜
      [−nasal]              [−nasal]
```

ここでは「[coronal, labial]について指定のない」スロットに素性指定が拡張されているというわけではない．そこでこのような自律分節音韻論的な説明に厳密化を施す必要が生ずる．1つの可能性としては分節音に3つの段階（phase）(Onset-Medial-Offset) を認め（Laver 1994: 112），たとえば [k͡t] を次のように表現する

(46) ［k̂t］の音韻表示

　　　［−coronal, −labial］　　　［＋coronal, −labial］
　　　　　　／｜＼　　　　　　　／｜＼
　　　Onset Medial Offset　　Onset Medial Offset

ここでは特に太い実線で示した部分が融合を表している．たとえば ten minutes にみられるような調音点同化については［n］の Onset までが［m］の Onset の［−coronal, +labial］に連結されている状況を想定することもできる．

1.3.2　アクセントの移動と韻律音韻論

　(1c) にみられるようなアクセントの変異についての説明は，①**韻律樹形図**（metrical tree）と**韻律グリッド**（metrical grid）によるもの，②韻律樹形図のみによるもの，③韻律グリッドのみによるもの，の3つの接近法が提案されてきている．ここでは説明の簡便さから「韻律グリッドのみによるもの」を簡略化して取り上げる．

　韻律グリッドとは，音節核のところに配置されるもので，語アクセントのある箇所，語の主アクセントの箇所，句アクセントの箇所，など音韻的な構造に依拠しつつ配置される．たとえば illustration という語には次のような韻律グリッドが配置される．

(47) illustration の韻律グリッド

```
                 *              語の主アクセント
    *            *              語アクセント
    i      lə   strei   ʃən     音節
```

この方式を(1c)の事例に当てはめる．表は2つに分け fifteen だけのものと fifteen boys の部分のものを提示しておく．

(48) アクセント移動の事例
　a. fifteen の韻律グリッド

```
          *              語の主アクセント
    *     *              語アクセント
    fif   ti:n           音節
```

b. fifteen boys の韻律グリッド

		*		句アクセント
*		*		語の主アクセント
*	*	*		語アクセント
fif	ti:n	boiz		音節

fifteen boys は全体として句の構造を成しているので構造上の主要部にアクセントが置かれることから，boys に句の主アクセントが付与される．これとは対照的に，次の(49)のようなアクセントの配置は好ましくない．

(49) fifteen boys の好ましくない韻律グリッド

		*		句アクセント
	*	*		語の主アクセント
*	*	*		語アクセント
fif	ti:n	boiz		音節

ここで次のような原則が機能していると仮定することでこの事実は説明できる．

(50) グリッドにおいて隣接する4つのマス目に「*」が配置されている場合は好ましくなく，なんらかの音韻的操作が韻律グリッドに加えられる．

ここでは /ti:n/ 上の「語の主アクセント」を示す「*」が左側に平行移動されると考えればよい．

コラム2●米語の弾音化の分析をめぐる理論とデータの関係

米語（アメリカ英語）にみられる t, そして d の弾音化についてはさまざまな理論的な枠組みから分析が加えられてきている．たとえば自律分節音韻論や韻律音韻論の枠組みからの分析は，その表示手法の違いから「弾音化規則」なるものの形状が大きく異なっている．同様のことが fifteen students での fifteen の主強勢の移動についての分析においてもみられる．まさしく「理論がデータの形状を決めている」かのごとくの印象を与える．ところが「弾音化」の現象，「主強勢の移動」の現象は，さらに詳しく観察していくと，文と文の結合度や談話での焦点の置かれ方とも相互作用していることがわかる．たとえば It's late. I'm leaving の下線部において弾音化がみられる（Nespor and Vogel, 2007: 237）．

1.4 理論負荷性と音声・音韻

　本章では，言語音声の知覚的側面と物理的側面とを関係づけつつ，この 2 面性に科学的手法によって，いかに接近しうるかという可能性を述べた．(1) において音声学・音韻論の典型的な問題を提起し，それらに対する分析法の事例を提示した．それらは，科学理論の理論負荷性ゆえに，形式的には明白に印象の異なる，互いに異なる性質をもつものとして読者諸氏には映ったかもしれない．ところが原点に回帰しつつ音声現象を再び観察すると，そこには重要な共通性がそれぞれに映し出されていることがわかる．それは，言語音声の相互に対照性が成立しているということである．その対照性を，棒グラフで示すのか，韻律的グリッドによって示すのか，等々，ということに帰する可能性がある．

より深く勉強したい人のために
- Archangeli, Diana and Terence Langendoen (1997) *Optimality Theory: An Overview*, Cambridge, MA: Blackwell.
  Optimality Theory とその適用をわかりやすく解説している．
- Haraguchi, Shosuke (1977) *The Tone Pattern of Japanese: An Autosegmental Theory of Tonology*, Tokyo: Kaitakusha.
  日本語の音韻・音調型を自律分節音韻論によって解明した著作である．
- Kenstowicz, Michael (1994) *Phonology in Generative Grammar*, Cambridge, MA: Blackwell.
  生成音韻論の各領域の到達点を詳述している．
- 上野善道（編著）(2003)『音声・音韻（朝倉日本語講座第 3 巻）』朝倉書店．
  音韻史，アクセント，イントネーション，音声の生理的，物理的観察，音韻研究の動向など音声・音韻の諸分野を網羅している．
- 小栗敬三 (1978)『英語音声学』篠崎書林．
  英語の音声の諸相について優しく丁寧に説明している．
- 西原哲雄・那須川訓也編 (2005)『音韻理論ハンドブック』英宝社．
  さまざまな音韻理論をコンパクトにまとめた解説書．
- 枡矢好弘 (1976)『英語音声学』こびあん書房．
  調音音声学と音響音声学を中心に英語の音声の属性を詳述している．

演習問題

1. 日本語の音節は子音と母音からなるということがよくいわれますが,その母音は特定の環境のもとで無声化されることもあります.のど仏に軽く指先で触れるなどすると母音の発声の際の振動がわかります.母音で声門の振動があるはずのところが無声化されて振動が感じられないような事例をみつけだして下さい.その上でどのような音韻論的な説明が可能かを考えなさい.
2. アメリカ英語では子音字の t が /d/ や /l/ のように発音される弾音化という現象が観察されます.そのような事例を探しだし,どのような音環境で弾音化が発生しているか,音韻論的な説明を考えなさい.
3. 調音点の同化は多くの自然言語で観察されます.そのような事例を収集し,どのような点が普遍的な部分となり,どのような部分が個別言語ごとに異なりうるのか,について考察しなさい.

文　献

荒木一雄・安井稔（編）(1992)『現代英文法辞典』三省堂.
窪薗晴夫 (1999)『日本語の音声（現代言語学入門 2）』岩波書店.
近藤一夫 (1964)『数理音声学序説—音声のピラミッド—』東京大学出版会.
峯松信明 (2011)「グローバル時代における英語発音とその科学的な分析方法」『大学英語教育学会関東支部学会誌』**7**: 5-14. http://www.gavo.t.u-tokyo.ac.jp/~mine/japanese/index.html
Archangeli, Diana (1984) *Underspecification in Yawalmani Phonology and Morphology*, Doctoral Dissertation, MIT.
Browman, Catherine P. and Louis Goldstein (1989) "Articulatory Gestures as Phonological Units," *Phonology* **6**: 201-251.
Chomsky, Noam (1964) *Current Issues in Linguistic Theory*, Janua Linguarum, The Hague: Mouton.
Chomsky, Noam (2000) *New Horizons in the Study of Language and Mind*, Cambridge: Cambridge University Press.
Chomsky, Noam and Morris Halle (1968) *The Sound Pattern of English*, New York: Harper & Row.
Clements, George N. (1985) "The Geometry of Phonological Features," *Phonology* **2**: 225-252.
Clements, George N. and Samuel J. Keyser (1983) *CV Phonology: A Generative Theory of the Syllable*, Cambridge, MA: MIT Press.
Crystal, David (1987) *The Cambridge Encyclopedia of Language*, Cambridge: Cambridge University Press.
Gimson, Alfred C. (1960) *An Introduction to the Pronunciation of English*, London: Edward Arnold.
Goldsmith, John (1976) *Autosegmental Phonology*, Doctoral Dissertation, MIT.
Halle, Morris (1964) "Phonology in Generative Grammar," in J. A. Fodor and J. J. Katz (eds.) *The

Structure of Language Readings in the Philosophy of Language, Englewood Cliffs, New Jersey: Prentice-Hall, 334-352.

Halle, Morris (1992) "Phonological Features," *International Encyclopedia of Linguistics*, Oxford: Oxford University Press.

Hammond, Michael (2000) "The Logic of Optimality Theory," ROA 305, Rutgers Optimality Archive, Rutgers University.

Heffner, Roe-Merrill S. (1950) *General Phonetics*, Wisconsin: The University of Wisconsin Press.

Jones, Daniel (1960) *An Outline of English Phonetics*, 9 th Edition, Cambridge: Cambridge University Press.

Kahn, Daniel (1976) *Syllable-Base Generalizations in English Phonology*, Doctoral Dissertation, MIT.

Kiparsky, Paul (1968a) "Linguistic Universals and Linguistic Change," E. Bach and R. Harms (eds.) *Universals in Linguistic Theory*, New York: Holt, Rinehart & Winston.

Kiparsky, Paul (1968b) *How Abstract is Phonology?* Distributed by Indiana University Linguistics Club.

Kiparsky, Paul (1973) " 'Elsewhere' in Phonology," Anderson, S.R. and P. Kiparsky (eds.) *A Festschrift for Morris Halle*, New York: Rinehart & Winston, 93-106.

Kiparsky, Paul (1979) "Metrical Structure Assignment is Cyclic," *Linguistic Inquiry* 10: 421-442.

Kuhn, Thomas (1962) *The Structure of Scientific Revolutions*, Chicago: The University of Chicago Press.

Laver, John (1994) *Principles of Phonetics*, Cambridge: Cambridge University Press.

Liberman, Mark and Alan Prince (1977) "On Stress and Linguistic Rhythm," *Linguistic Inquiry* 8: 249-336.

Lisker, Leigh and Arthur S. Abramson (1967) "Some Effects of Context on Voice Onset Time in English Stops," *Language and Speech* 10: 1-28.

Nespor, Marina and Irene Vogel (2007) *Prosodic Phonology With a New Forward*, Berlin: Walter de Gruyter.

Sagey, Elizabeth (1986) *The Representation of Features and Relations in Nonlinear Phonology*, Doctoral Dissertation, MIT.

第2章 語の構造について
—形態論—

西原哲雄

2.1 語の構造とは

本章では,言語分析の基本的単位の1つである,**語**(word)の内部構造の分析を行う言語学の1分野である,語の構造,すなわち専門用語での**形態論**(morphology)について,おもに英語と日本語を中心として概観するものである.形態論には,屈折過程を取り扱う**屈折形態論**(inflectional morphology)や,派生語や複合語の過程を取り扱う**派生形態論**(derivational morphology)などや,その他の語形成に関わる過程を担当するものなどに分けられる.

2.2 語の構成

言語を構成している基本的な単位の1つは,一般的には語であるとされている.しかし実際に,われわれが用いる語は,普通,単一の構造をもっている**単純語**(simplex word)と,複雑な構造をもつ**合成語**(complex word)に分けられ,合成語はさらに,**派生語**(derivative word)と**複合語**(compound word)とに分けられる.

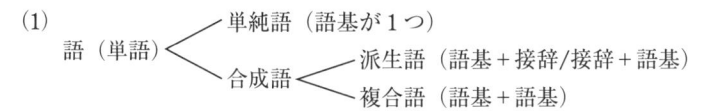

(1) 語（単語）─┬─単純語（語基が1つ）
　　　　　　　└─合成語─┬─派生語（語基＋接辞／接辞＋語基）
　　　　　　　　　　　　└─複合語（語基＋語基）

ここで,**語基**(base)とは,派生接辞付加の作用を受ける要素のことであり,たとえば,unhappy では,happy が語基である.**接辞**(affix)とは,語基などの前後に付加され,語基の意味や機能を変える.語基の前に付加されるものが**接頭辞**(prefix)と呼ばれ,unhappy の,un- などのことを指し,語基の後に付加されもものが**接尾辞**(suffix)と呼ばれ,happiness の -ness や hopeless の -less などが挙げられる.また,語の構成要素の分析では,**語根**(root)や**語幹**(stem)と呼ばれる要素も存在する.語根とは,語から派生接辞と屈折接辞を取り除いた部分を

指し，speakers では speak が語根である．語幹とは，語から屈折接辞を取り除いた部分で，speakers では，speaker が語幹となる．

語とは，上記で述べられた，語基，語根，語幹，接頭辞，接尾辞などの要素にさらに分解することができる．

2.3　語の構造（形態論）の働き

語の構造（形態論）は，人間の言語における，語の内部構造を構築するさまざまな要素が，どのようにして組み合わせることができるのかを取り扱う部門であり，**語形成**（word formation）と**屈折形態論**（inflectional morphology）から構築されている．語形成では，**派生**（derivation），**複合**（compounding）やその他の過程から成り立っており，新しい語を作り出すという役割を担っている．また，屈折形態論（屈折）では，語が文中において他の語との文法関係を明示するために語の形が変えられるというものである．これらの2つの部門で，それぞれの要素についての，結びつき方や，組み合わさり方を取り扱うのが，形態論の働きである．それゆえ，原則的には，形態論は語よりも小さな単位を取り扱う部門である．しかし，語の構造（形態部門）は文法体系全体のなかで，統語論，意味論，音韻論などの他の分野から独立して存在しているのではなく，お互いに影響を与え合う相互作用，または**インターフェイス**（interface）の関係にあると考えられている．

語の構造，すなわち形態部門は，人間の脳内にある**辞書**（レキシコン，lexicon）と呼ばれる部門と，語を生産する規則である語形成規則（word-formation rules）から構成されており，辞書には，語を作り出すために必要とされる，語基や接辞などが登録されており，語形成規則によって，新たに生産された新しい語も，この辞書に新たに登録されることとなる．

2.4　派生接辞と屈折接辞とは何か

語の構造，すなわち形態部門では，語形成はさまざまな語よりも小さな要素から構成されているということを前節では述べた．語を構成する，意味または文法的機能をもっている最小の単位のことを**形態素**（morpheme）と呼んでいる．以

下の (2) に挙げる例では，unhappiness という語は3つの形態素から構成されている．中心となっている形態素 happy の前後に付加されている要素である un- と -ness はそれぞれが接辞である．happy の前に位置する要素が接頭辞（un-）であり，後に位置する要素が接尾辞（-ness）である．

(2) unhappiness → un + happy + ness

(2) で挙げた例の語を構成している形態素は，その働きや特徴によって，いくつかの種類に分類することができる．happy のように単独で語を構成させることのできる形態素は，**自由形態素**（free morpheme）と呼ばれる．一方，un- や -ness のように単独で現れることができずに，必ず他の要素（語や語基など）に付随しなければならない形態素は**拘束形態素**（bound morpheme）と呼ばれる．自由形態素はおもに，明確に定まった概念を表すことになる**語彙的形態素**（lexical morpheme）と，おもに文法上の概念や機能を示す**機能的形態素**（functional morpheme）の2つに分割される．

また，拘束形態素は，**派生接辞**（derivational affix）と**屈折接辞**（inflectional affix）に分けられる．派生接辞は，新たな語を生産することのできる接辞である．たとえば，語（語基）の前に付加されるような，in-, un-, inter-, over- などは接頭辞と呼ばれるもので，語（語基）の後ろに付加されるような，-ity, -ful, -fy, -ly などは接尾辞と呼ばれるものである．これらに対して，屈折接辞は，文法的機能を示すもので，名詞の複数形の -s (-es)，三人称単数形現在（三単現）の -s (-es)，比較級・最上級の -er/-est，動詞の過去形の -ed などが挙げられる．

(3) a. 自由形態素（語）＜ 語彙的形態素（名詞・動詞・形容詞・副詞など）
　　　　　　　　　　　機能的形態素（前置詞・冠詞・代名詞・助動詞など）
　　b. 拘束形態素（接辞）＜ 派生接辞（接頭辞：un-, in-/ 接尾辞：-ity, -ful など）
　　　　　　　　　　　　 屈折接辞（名詞・三単現の -s (es)，比較級・最上級
　　　　　　　　　　　　 の -er/-est，動詞の過去形の -ed など）
　　c. 派生接辞：語の品詞を変えることがある/語彙的な意味が加わることがある．
　　d. 屈折接辞：語の品詞は変えない/文法的な意味を加える．

2.5　語彙範疇と機能範疇

文中における語の働きの観点から，語は，**語彙範疇**（lexical categories）と**機能**

範疇（functional categories）の2つに分けることができる．

一般に，語彙範疇とは，名詞，動詞，形容詞，副詞が挙げられる．英語と日本語における語彙範疇を示すと以下のようなものが挙げられる．

(4) a. 名詞：（英語）dog, book など /（日本語）犬，本 など．
　　b. 動詞：（英語）walk, sleep など /（日本語）歩く，寝る など．
　　c. 形容詞：（英語）beautiful, wonderful など /（日本語）美しい，すばらしい など．

これらの語彙範疇に共通してみられる特徴は，これらの範疇は具体的な内容をもった語であり，これらの語彙範疇は基本的には無限大に辞書に登録されており，新たな語の登録も自由に行われるものである．

一方，機能範疇の特徴は，具体的な意味をもたず，文中での語（語彙範疇）と語の関係を明示するものである．その数は限定的で，新たな語が登録されるということは，ほとんどみられることはない．一般的に機能範疇は，以下に挙げられるものである．

(5) a. 前置詞：（英語）on, from など / 後置詞：（日本語）〜上に，〜から など．
　　b. 助動詞：（英語）may, should など /（日本語）かもしれない，はずだ など．
　　c. 決定詞（冠詞など）：（英語）the, every など /（日本語）その，すべての など．
　　d. 時制辞：（英語）-ed など /（日本語）—た など．

2.6　派生・屈折・複合と接頭辞・接尾辞の関係

派生（derivation）とは，語形成過程の1つであり，辞書に登録されている語や接辞などのさまざまな要素から，語形成規則を用いて（語や語基への接辞付加など），新しい派生語などを作り出す過程のことである．

最初に，接頭辞が添加されることによって，新しい語が生産される例を挙げることにする．接頭辞が，語や語基に付加された場合には，少数の例を除いて，新たに生産される語は，接頭辞が添加される前の語と同じ**範疇**（品詞）をもつのが一般的である．

(6) a. un-　（形容詞→形容詞）：un + kind（形容詞）　→ unkind（形容詞）
　　b. inter-（名詞→名詞）　　：inter + action（名詞）→ interaction（名詞）

  c. over-（動詞→動詞）　　　：over＋eat（動詞）　　→ overeat（動詞）

しかし，(7) に挙げるように例外的に少数の接頭辞については，品詞の決定能力をもっているものもある．

(7) a. be-（形容詞→動詞）：be＋little（形容詞）→ belittle（動詞）
  b. de-（名詞→動詞）　：de＋forest（名詞）　→ deforest（動詞）
  c. en-（形容詞→動詞）：en＋large（形容詞）→ enlarge（動詞）

次には，接尾辞が添加されることによって，新しい語が生産される例を挙げる．一般的に接頭辞が添加される語や語基を選ばない一方，接尾辞は接頭辞とは異なり，一定の語彙範疇（品詞）をもつ語に付加され，もとの語とは異なる新しい語彙範疇（品詞）をもつ語を作り出すのである．

(8) a. -ness（形容詞→名詞）：kind（形容詞）＋ness（名詞）→ kindness（名詞）
  b. -ful（名詞→形容詞）　：beauty（名詞）＋ful（形容詞）→ beautiful（形容詞）
  c. -ly（形容詞→副詞）　：smooth（形容詞）＋ly（副詞）→ smoothly（副詞）
  d. -er（動詞→名詞）　　：fight（動詞）＋er（名詞）→ fighter（名詞）

日本語において，接尾辞の添加の代表的な例を挙げると，名詞化接尾辞である「―さ」と「―み」を挙げることができる．これらの接尾辞は，「重さ」，「重み」のように両方とも，形容詞から名詞を派生するものである．第一に，「―さ」という接尾辞は，形容詞や形容動詞の語幹にほとんどすべて問題なく添加される．一方，「―み」の方は，限られた形容詞の語幹にのみ添加され，2つの接尾辞の生産性には違いがみられる．名詞化接尾辞とは異なるが，形容詞の語尾の「い」を「く」に変えると副詞になる（*は不適格であることを表す）．

(9) a.「―さ」：高さ，甘さ，静かさ，暗さ，など．
  b.「―み」：高み，甘み，*静かみ，*暗み，など．
  c.「―い」→「―く」：高い → 高く，長い → 長くなど．

さらに，「―さ」は，複合語，外来語や，新語などにも添加されることがあるが，「―み」では，そのような事例はみられない．

(10) a.「―さ」：骨太さ，気弱さ，タフさ，ケバさ，など．
  b.「―み」：*気弱み，*タフみ，*ケバみ，など．

また，エイチソン（Aitchison 2003）は，英語の名詞を派生する接尾辞である，-ness と -ity についてイギリスの新聞『タイム』の記事の中の全体数と「1回限りの使用」にとどまった臨時語の数を比較した．その結果，全部で 2000 語以上（2027

語) の -ness 語が発見され，その数は -ity 語（1020 語）のほぼ倍であった．-ness 語では，700 語以上の臨時語があったが，-ity 語の方は 300 語以下しかなかったと報告されている．これによって，現在の英語の語形成過程で，接尾辞 -ness の方が，接尾辞 -ity よりも生産性が高いことがわかる．

しかし，英語では逆に，接頭辞の un- などは，(11a, b) でそれぞれのもつ意味は異なるが，添加される語彙範疇を特定せずに，形容詞や，動詞の両方に付与されるような場合がある．

(11) a. un-kind（un + 形容詞）/ b. un-settle（un + 動詞）

ここまででは，派生接辞による形態部門での派生の過程を概観した．次には，**屈折接尾辞**（inflectional suffix）のもつ働きを取り扱うことにする．屈折接尾辞とは，語との文法的関係において，名詞の複数形・三人称単数現在の -s（es），所有格の -'s，形容詞の比較級・最上級の -er/-est，過去形・過去分詞形の -ed, -en など，文法的特徴を示す接尾辞のことを指す．屈折接尾辞は文法的機能を変えるだけで，先にみた派生接尾辞のように添加した新しい語の語彙範疇（品詞）を変えるような能力はもっていない．

(12) a. look → look + ed（動詞→動詞：動詞の屈折）
　　　b. girl → girl + s（名詞→名詞：名詞の屈折）
　　　c. old → old + er（形容詞→形容詞：形容詞の屈折）

語が形成される，形態部門における，語の派生（または生産）が行われるときに，派生接辞（派生接尾辞）と屈折接辞（屈折接尾辞）が同時に添加される際には，その生起順序には，一定の制約があり，それは原則的に「派生接尾辞のあとに屈折接尾辞が現れる」ことになり，この制約は世界の諸言語の語形成過程に原則的に適用されるものである．

(13) a. 語−派生−屈折
　　　b. *語−屈折−派生
　　　c. workers → work -er -s（語−派生−屈折）
　　　d. *workser → *work -s -er（*語−屈折−派生）

だが，実際には，フランス語，オランダ語，イディシュ語，ドイツ語や，イタリア語などの諸言語においては，この制約に従わない例外が散見され，屈折接尾辞が派生接尾辞の内側に現れる語が現実に存在している．

(14) a. フランス語

maladroit ― maladroit ＋ e → maladroit ＋ e ＋ ment （＝awkwardly）
　　　　　　　　　　　　（屈折）　　　　　（屈折）（派生）
（男性形）　　　　（女性形）　　　　　（副詞を形成）

b. オランダ語

scholier → scholier ＋ en → scholier ＋ en　＋　dom （＝the set of pupils）
（単数）　　　　（屈折）　　　　（屈折）　　　（派生）
　　　　　　　（複数）　　　　（複数）（集合名詞を形成）

c. イディシュ語

štik ("piece") → štik ＋ er → štik ＋ er　＋　vayz （＝piece by piece）
（単数）　　　　（屈折）　　　（屈折）　　　（派生）
　　　　　　　（複数）　　　（複数）（副詞を形成）

(14) に挙げられた諸例から，明らかなことは「派生接尾辞のあとに屈折接尾辞が現れる」いう制約は，あくまでも諸言語全般にいえる**傾向**（tendency）であって，それぞれの言語自体に課される強力で普遍的な制約ではないと考えられる．

さらに，屈折接尾辞は，派生接尾辞と**繰り返し性**（recursiveness）という観点について異なった振る舞いをする場合がある．すなわち，派生接尾辞は一般的に，その繰り返しが認められるが，屈折接尾辞では，繰り返しという特徴は一般的には認められない．

(15) a. English: industri-*al*-ization-*al*

b. German: Ein-*heit*-lichk-*eit* ("unitariness")

c. Italian: stor-*ic*-ist-*ico* ("histroristic")

d. Dutch: kleur-*loos*-sheid-*loos* ("without colorlessness")

e. English: the boy's / *the boy's-s

普通，(15) にみられるように，派生接尾辞と屈折接尾辞の間には，繰り返し性について，異なった特徴を示すことになるが，サセックス地方やヨークシャ地方などにおけるいくつかのイギリスの方言では，屈折接尾辞（二重複数形や二重比較級・二重最上級）が繰り返し添加されるという例外的な例が比較的多くみられる．

(16) a. / boet-z-ez / "boats"（サセックス方言）

b. / step-s-ez / "steps"（ウエスト・ヨークシャ地方）

c. better-er（ヨークシャ地方など）

d. most-est（ケント地方など）

次に語形成の中でも，非常に生産性の高い**複合語**（複合語形成）について，概観する．一般的に複合語は，2つ以上の語（語基）が結びつくことによって生産されるものである．生産性の非常に高い，名詞＋名詞の複合語（複合名詞）と，同じ語（語基）の連続である名詞句との違いは一般的に，強勢の位置の違いである．

すなわち，複合名詞は基本的にその第1要素（左側の要素）に第1強勢が添加されるのに対して，名詞句は，その第2要素（右側の要素）に第1強勢が添加されるという違いが存在する．そして，ここでは，複合名詞と名詞句を例に挙げて説明する．これらの強勢付与は**生成音韻論**（generative phonology）の枠組みに従えば，複合名詞に対しては**複合語強勢規則**（compound stress rule: CSR），一方，名詞句に対しては，**核強勢規則**（nuclear stress rule: NSR）によって付与されることになる．

(17) ［AB］c において
　　a. CSR: c が語彙の範疇なら，A が S　　（S＝強強勢（第1強勢））
　　b. NSR: c が句の範疇なら，B が S

(17) に基づく2つの強勢付与規則によって，複合名詞と名詞句は以下のように，異なった強勢型をもつことになる（大文字が第1強勢を示す）．

(18) a. 複合名詞　　　　　　　　b. 名詞句
　　　BLACKboard（黒板）　　　　black BOARD（黒い板）
　　　GREENhouse（温室）　　　　green HOUSE（緑の家）
　　　ENGLISH teacher（英語の先生）　English TEACHER（英国人教師）
　　　WOMAN doctor（産婦人科医）　woman DOCTOR（女医）
　　　DANCING girl（踊り子）　　　dancing GIRL（踊っている女の子）

しかしながら，複合名詞の強勢の位置については，例外的に句強勢型の強勢をもつ語が実際には散見される（Madison AVENUE, /MADISDON street, apple PIE/APPLE cake, など）．

通常，複合名詞は2番目の要素，すなわち右側の語が複合名詞全体の意味の中心を担っているのが普通であり，たとえば，BLACKboard（黒板）は，board（板）の一種であることからこの特徴を示しているといえる．このように複合名詞には，複合名詞の全体の品詞を決定したり，その語の全体の意味を担う要素があり，この要素は複合名詞や複合語の主要部（head）と呼ばれているものである．

その反面，主要部を含まないような複合語（複合名詞を含む）も存在し，例を

挙げれば，pickpocket（すり）は，pocket の一種でもなく，それぞれの語の意味（「〜の中から抜き取る」と「ポケット」）を合成しても複合語全体の意味である「すり」という意味を表すことはできないので，この場合は主要部が含まれていない複合語（複合名詞）と考えられる．

また，日本語では，「成否」「大小」「父母」「親子」などでみられるような，2つの主要部をもつと考えられる，並列（等位）複合語が存在するが，これらは，肯定的要素が前に，否定的要素が後に，男性が女性より前に，年長者が年少者よりも前に，というような傾向から**「重要な要素が前に来る」**という原則が存在すると考えられる．そして，日本語で「男女」が「*女男」と転換できないように，英語でも man and woman を *woman and man とできない例があるが，これは英語特有の**強弱リズム**（SW）を保持しようとする要請によるものであり，(man and woman [S W S W] →*woman and man [*S W W S] / ladies and gentlemem [S W W S W W] →*gentlemen and ladies [*S W W W S W]) となる．

したがって，複合語は主要部を含むのか，それとも含まないのか，また，日本語に特有であると考えられる主要部を並列に2つもつという観点から，複合語は，以下に挙げる3つの複合語に分類することができる．

(19) a. **内心複合語**（endocentric compound）：主要部を含む複合語
b. **外心複合語**（exocentric compound）：主要部を含まない複合語
c. **並列複合語**（coordinative compound）：主要部2つの複合語（日本語）

2.7 生成形態論におけるクラスI接辞とクラスII接辞

シーゲルやアレンなどの提案に従えば，（英語の）接辞は，**クラスI接辞**（class I affix）と**クラスII接辞**（class II affix）の2つに区別されることになる（Siegel 1974；Allen 1978）．これらの接辞の特徴としては，クラスI接辞はかならずクラスII接辞より先に語や語基に添加されるということであり，これは**接辞添加の順序づけの仮説**（ordering hypothesis）と呼ばれるものである．したがって，この接辞添加の順序づけの仮説に従わない，次のような派生語は，不適格であると正しい予測をする．

(20) a. *event-less$_{II}$-ity$_{I}$　　*employ- ment$_{II}$-al$_{I}$
b. *in$_{I}$- [book-ish$_{II}$]　　*in$_{I}$- [thought-ful$_{II}$]

この考え方にもとづき発展した理論が**生成形態論**（generative morphology）（Scalise 1986）であり，その後に音韻論との相互作用（インターフェイス，interface）をもつことになり**語彙音韻論**（lexical phonology）の登場へとつながってゆくことになる．

ここでは，まず，クラスI接辞とクラスII接辞の振る舞いの違いのいくつかを，挙げることにする．

(21)
    a. クラスI接辞は強勢位置決定に関わり，第1強勢の位置の移動を引き起こす場合がある．一方，クラスII接辞は強勢位置決定にかかわらず，強勢の移動を引き起こさない．
       cúrious → curiós + ity（class I）/démonstrate → démonstrat + ing（class II）
    b. クラスI接辞は語基，または接辞において子音や母音の音声変化を引き起こすことがある．しかし，クラスII接辞はそのような変化を引き起こさない．
       in + balance → im + balance（class I）/un + balance → un + balance（class II）
       ただし unbalance は，[ʌn-] が後続の [b] に同化して [ʌm-] と発音されることはある．その場合，綴り字上の変化は起こらない．
    c. クラスI接辞の -y の付与によって**摩擦音化**（spirantization）を引き起こすが，クラスII接辞の -y では，そのような変化を引き起こさない．
       democra[t] → democra[s] + y(class I)/tren[d] → tren[d] + y(class II)
    d. クラスI接辞の付与は，**三音節母音弛み化規則**（trisyllabic laxing）を引き起こすが，クラスII接辞では，そのような変化を引き起こされない．
       provōke → provŏca + tive（class I）/ mīght → mīght + i + ly（class II）
    e. クラスI接辞は，一部の例外を除き，クラスII接辞を含んだ語に添加されることはない．
       *in + [book + ish] / un + [book + ish]　（読書ぎらいな）
        I　　　　II　　II　　　　II
    f. クラスI接辞は複合語に付与することが可能であるが，一部の複合語に添加される場合の例外を除き，クラスII接辞が複合語に付与されることはない．
       un + [top + heavy] / *re + [over + throw]
       II　　　　　　　　I
    g. クラスII接辞は，接辞添加の際に，**異形態**（allomorphy）や**切り取り**（truncation）が生じることがあるが，クラスI接辞ではそのような変化は生じない．

nomin-ate → nomin-ee, simpl-ify → simpl-ific-ation（class I）
nomin-ate → nomin-at-ed, simpl-ify → simpl-ify-ing（class II）
- h. クラス I 接辞は，その接辞添加によって語の意味が非合成的なものになる．すなわち予測可能な一定の意味をもっていない．しかし，クラス II 接辞では，その語の意味は合成的であり，予測可能な意味をもつこととなる．
re-duce（class I：一定の意味をもたない）
re-make（class II：一定の意味―何かをもう一度すること）

ここまで概観したように，クラス I 接辞とクラス II 接辞の添加の順序づけに屈折接辞の添加や複合語形成の過程を含めると，以下に示すような語形成過程の**階層構造**が想定される．

(22) （基底形，入力，語基（語根））

層1：クラス I 接辞付加，不規則屈折接辞
↓
層2：クラス II 接辞付加，複合語形成
↓
層3：規則屈折接辞付加
（表層形，出力，語）

この階層構造は，先に述べた，クラス I 接辞はかならずクラス II 接辞より先に語や語基に添加されるという，接辞添加の**順序づけの仮説**（ordering hypothesis）を明示している．クラス I 接辞がクラス II 接辞の内側に添加された語は存在しないことになるが，実際に，英語の派生語のなかには，この順序づけの仮説に対しての例外となる例が多く存在している．たとえば，ungrammaticality という語は，-ity はクラス I 接辞，un- はクラス II 接辞であるので，順序づけの仮説に従えば，(23a) のような構造をもつと考えられる．形態的下位範疇（un- は形容詞に添加される）に従えば，(23b) のような構造をもっていると考えられ，このような，2つの条件を同時に満たす語構造を派生させることのできない現象を**順序づけの逆説**（ordering paradoxes）という．

(23) a. [un [[grammatical]$_A$ ity]$_N$]$_N$
b. [[un [grammatical]$_A$]$_A$ ity]$_N$

さらに，この形態部門での，接辞付与の階層構造の妥当性は，英語話者の幼児の複合語形成過程において証明される．たとえば，英語話者の幼児が複合語を形成するとき，mouse から mice-eater という語を派生することはできるが，けっし

て，*rat [s] -eater という複合語を派生することをしないという事実がある．すなわち，この相異は，複数形が不規則変化する mouse は層1で mice に不規則屈折変化し，層2で eater と複合語として mice-eater を形成することになる．一方，複数形が規則屈折接辞である rat は層2で eater との複合語形成過程を経た後に，層3で規則屈折接辞添加を受けることになるので（rat-eater），複数形を示す規則屈折接辞-s がすでに層2で形成された複合語の内部に添加されることは不可能である．それゆえ，幼児は決して，*rat [s] -eater という複合語を形成せず，rat-eater＋s という複合語が形成されると説明されることになる．この幼児の形態部門での，これらの複合語形成の過程は，生成形態論における語形成過程が，階層化された構造に基づいて行われていることを証明するものである．

(24) （基底形，入力，語基（語根））　　　　　　　mouse eater　　*rat-s eater
　　　層1：クラスⅠ接辞付加，不規則屈折接辞　　　mice　　　　　　rat
　　　　　　　　　　　　　　　　　　　　　　　　　↓　　　　　　　↓
　　　層2：クラスⅡ接辞付加，複合語形成　　　　　mice-eater　　　rat-eater
　　　　　　　　　　　　　　　　　　　　　　　　　↓　　　　　　　↓
　　　層3：規則屈折接辞付加　　　　　　　　　　　↓　　　　　　　rat-eater＋s
　　　（表層形，出力，語）　　　　　　　　　　　　mice-eater　　　rat-eaters
　　　　　　　　　　　　　　　　　　　　　　　　　　　　　　　　（*rat [s] -eater）

コラム3● ラテン語系接辞とゲルマン語系接辞の順序づけ

　ブルツィオは，クラスⅠ接尾辞である，-ity はラテン語を語源とする形容詞にのみ添加され名詞を作り，クラスⅡ接尾辞である，-ness はラテン語・ゲルマン語の両方を語源とする語に添加され名詞を作る（例：happy（ゲルマン語）＋ ity → *happyity / happy（ゲルマン語）＋ ness → happiness）ことから，クラスⅠ接辞添加をラテン語系接辞添加（音韻）部門とし，クラスⅡ接辞添加をゲルマン語系接辞添加（音韻）部門とすることを提案している（Burzio 1994）．

---

　(23)，(24) のように，生成形態論では，クラス接辞Ⅰとクラス接辞Ⅱは音韻的，形態的及び意味的に，明確にその特徴において区分されているが (22) で挙げた生成形態論における階層構造に従えば，複合語内部に生起する**規則屈折接辞**（おもに複数形を示す接尾辞）が生じないという現象を以下のように，的確に説明することができる．

(25) a. *[wet-s suit]
　　 b. *[hand-s towel]
　　 c. *[fli-es paper]

しかし，実際には，以下にみられるように，複合語内部に（複合語の第1要素の語尾）に複数形を示す規則屈折接辞が添加されている例が英語やその他のヨーロッパの諸言語においても散見される．

(26) a. English:
　　　[arm-s marchant] [good-s train] [cloth-s brush]
　　　[park-s commissioner] [custom-s officer] [saving-s bank]

このようにして，順序づけの仮説に違反している例が散見されるが，これらを単なる例外として処理するのには問題が生じると考えられる．そこで，これらの問題を解決するには，複合語形成の前にすでに屈折接辞が添加されていると考える（たとえば，[arm-s]が複合語の入力になるように），**語彙化**（lexicalization）などと呼ばれる解決法が提案されている．しかもすべての例をこのような方法で解決することは不可能のようである．また，近年の英語の複合語形成においては，上記で見たような，複合語内部に複数形を示す屈折接辞を含んだものが増加しているという報告がなされているのも事実である．

2.8　語の右側主要部規則

すでに述べてきたように，多くの複合語には主要部が含まれている．そして，主要部を含む複合語（内心複合語）においては，主要部が右側であり，すなわち，最後の要素である可能性が非常に高いと考えられている．

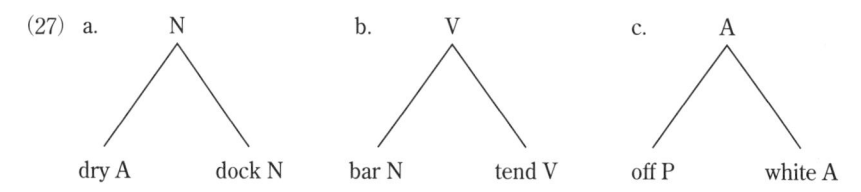

(27) a.　　　N　　　　　b.　　　V　　　　　c.　　　A

　　　　dry A　　dock N　　bar N　　tend V　　off P　　white A

形態論では，語全体の品詞を決定する構成要素を**主要部**（head）であると考える．ゆえに，(27a)においては，右側の要素である名詞のdockが全体の品詞である名詞を表している．同様に，(27b)，(27c)では，それぞれ，右側の要素である

動詞 tend，形容詞 white が全体の品詞を表していることがわかる．このように，それぞれの右側に位置する要素が，語全体の品詞を決定しているといえる．そこで，Williams (1981) は，以下に示す**右側主要部規則**（right-hand head rule: RHR）なるものを提案している．

(28) 右側主要部規則
　　　形態論において，形態的に複雑な語の主要部は，その語の右側の要素である．

また，複合語にだけでなく，以下に挙げる派生語についても，その右側の要素が，語全体の品詞と一致しており，右側主要部規則が働いていることがわかる．

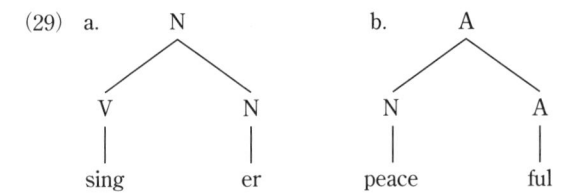

(29) a.　　　N　　　　　　b.　　　A
　　　　　／＼　　　　　　　　　／＼
　　　　V　　N　　　　　　　　N　　A
　　　　｜　　｜　　　　　　　　｜　　｜
　　　sing　　er　　　　　　peace　ful

そして，この規則は英語以外に日本語やその他の諸言語にも適用可能であることが立証されている．

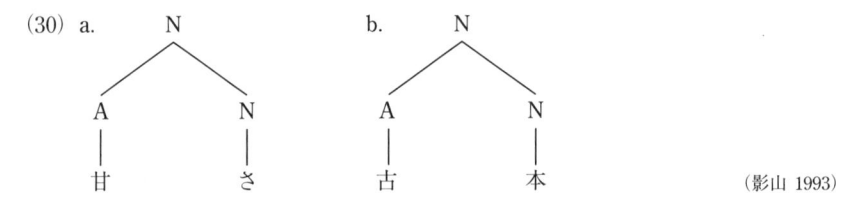

(30) a.　　　N　　　　　　b.　　　N
　　　　　／＼　　　　　　　　　／＼
　　　　A　　N　　　　　　　　A　　N
　　　　｜　　｜　　　　　　　　｜　　｜
　　　　甘　　さ　　　　　　　古　　本

(影山 1993)

このように，派生語や複合語においては，右側主要部規則によって，右側にある要素（接尾辞や複合語の第2要素）が主要部となり，語全体の重要な役割を担っている．

　それでは，すべての言語において右側主要部規則が必ず適用されているかというと，実際はそうではない．たとえば，現代イタリア語やフランス語，ドイツ語，スペイン語，さらには東南アジアの言語である，ベトナム語，インドネシア語などにおいては，**複合語**や**派生語の左側**に主要部が現れることが，すでに指摘されている．

(31) a. Italian

```
         N
        / \
       N   A
       |   |
     campo santo
    ("field") ("holy")
```

(竝木 2009)

b. Maori

```
         N
        / \
       N   N
       |   |
     whare heihei
     (house) (hen  →  "hen-house")
```

(Booij 2007；一部改変)

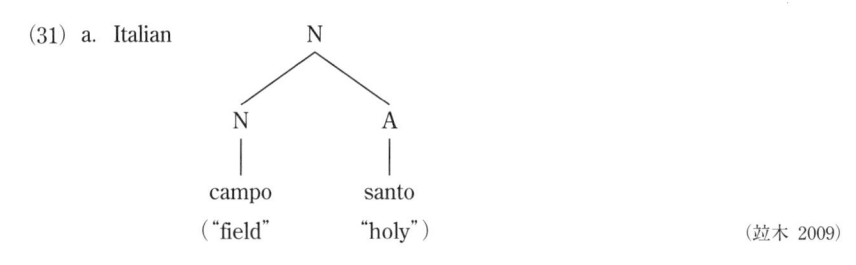

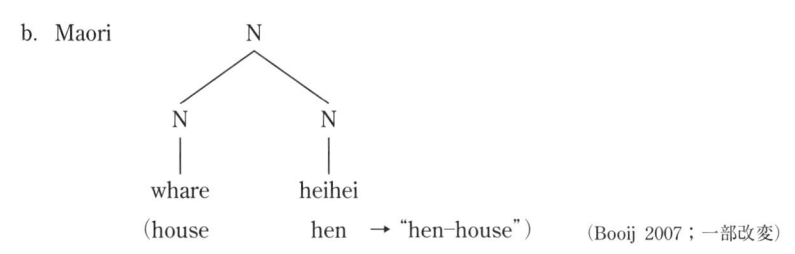

　ボーイは，ニュージーランドの先住民族の言語であるマオリ語（Maori）の複合語は左側主要部であると指摘したうえで，複合語のすべてが右側主要部を普遍的にもつものではなく，複合語の主要部の位置の相違というものは，主要部の位置が諸言語間におけるパラメター（選択変数）の違いに基づくものであると主張している．そして，ゲルマン語系の言語においては，一般的にパラメタが右側の値が選択されている一方，マオリ語では，左側の値が選択されていると述べている（Booij 2007）．

　一方，右側主要部規則の普遍性によって，接頭辞は語の語彙範疇（品詞）を決定しないのが普通であり，日本語においても，(32)にみられるように，接頭辞は，語全体の語彙範疇（品詞）を決定することはない．

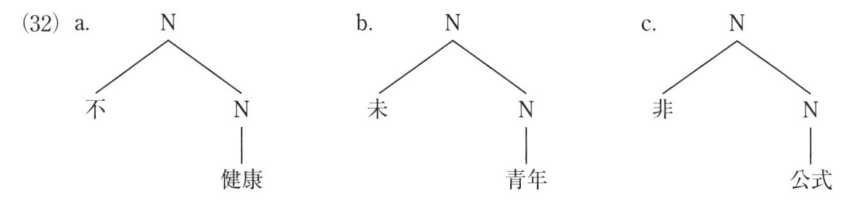

(32) a.
```
      N
     / \
    不   N
         |
        健康
```

b.
```
      N
     / \
    未   N
         |
        青年
```

c.
```
      N
     / \
    非   N
         |
        公式
```

　また，語基の左側に添加される英語の接頭辞（en-, dis, be-, out-, un- など）は語彙範疇（品詞）を決定する能力をもっている．これらは，右側主要部規則の例外として，しばしば取り上げられており，一般にこれらの接頭辞は普通の接頭辞

とは異なり，派生語や複合語の全体の語彙範疇を決定するので，右側主要部規則の例外として扱われている．

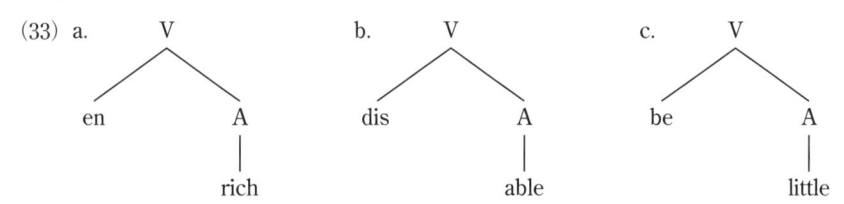

(33) a.
```
      V
     / \
    en  A
        |
       rich
```
b.
```
      V
     / \
    dis A
        |
       able
```
c.
```
      V
     / \
    be  A
        |
       little
```

(33) の例から，明らかなことは，左側に位置している接頭辞は，形容詞に添加され，派生語の全体の語彙範疇は，動詞に変化している．そこで，ウィリアムズはほとんどの接頭辞には語彙範疇決定の能力はなく，右側主要部規則によって接頭辞は主要部にはなれないと述べているが (Williams 1981)，en- などの接頭辞は語彙範疇を決定する能力があるので，例外として扱われてきている．

しかし，この接頭辞の添加について，スカリーゼは以下のような提案をしている (Scalise 1988b)．

(34) 派生接頭辞は主要部ではない．英語の接頭辞 en- のようにこの概念に例外が存在すると Williams (1981) は考えているが，これらの接頭辞について異なった分析をすることで，主要部でないと論証できる．

Scalise (1988b) では，en- などの接頭辞添加を (35) のように，**ゼロ派生**（zero derivation）を適用することで，接頭辞は主要部でないという考え方を主張している．

(35) (i) lexicon: [rich] A
　　(ii) suffixation: [[rich] A + 0] V
　　(iii) prefixation: [en + [rich] A + 0] V] V

そして，(35) を図示すると，以下のようになり，ゼロ派生の過程が明確に確認できる．

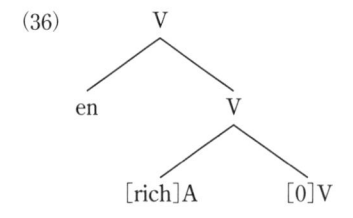

(36)
```
         V
        / \
       en  V
          / \
      [rich]A [0]V
```

(35)，(36) のように分析すると，一番右側に位置するゼロ派生接尾辞 (0) が主要

コラム4 ●浴槽効果

われわれが単語を認識する際や記憶しておく際に，重要な役割をもつ部分は，単語の中央部よりも語頭と語末の部分であることは，一般的に心理言語学的観点から指摘されていることである．さらに，語頭部分の方が語末部分よりも，認識や記憶では重要な役割をしている傾向があるといえる（例：[str]ain, [tr]ain, [r]ain など）．

このような，語頭部分と語末部分が重要な役割をしている現象を，エイチソン (Aitchison 2003) は浴槽から出ている頭と足にたとえて，浴槽効果 (bathtub effect) と呼んでいる．

部として機能し，接頭辞 en- はゼロ派生を受けた動詞の [[rich] A + 0] V に添加され，同じ語彙範疇である動詞を形成することになり，右側主要部規則に違反することにはならないと説明されている．そして，このゼロ派生に基づく考え方は，オランダ語 (Dutch) やフランス語 (French) などにおいても，援用することが可能であり，オランダ語やフランス語などの接頭辞添加による語の形成過程において右側主要部規則の妥当性を証明することが可能であると考えられる．

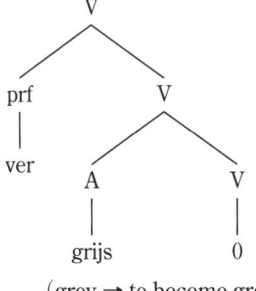

(37) a. Dutch

```
          V
         / \
       prf   V
        |   / \
       ver A   V
           |   |
         grijs  0
```
(grey → to become grey)　　(Neelman & Schipper 1992)

b. French

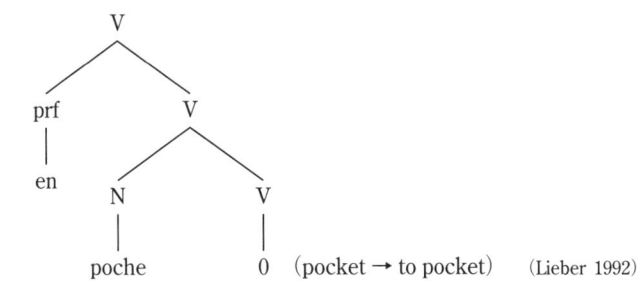

```
          V
         / \
       prf   V
        |   / \
        en N   V
           |   |
         poche  0
```
(pocket → to pocket)　　(Lieber 1992)

しかしながら，世界の諸言語において，（複合）語の右側に主要部がある言語が一般的であると考えることができ，一方，左側に主要部をもつ言語の方は，数の上からみても例外的であるとしてよいように思われる．並木（1992）は Scalise（1988b）のようなゼロ派生による分析を導入するならば，以下にみられるような語にはなぜ en- が添加されないのかという問題がいまだ残ると指摘しており，今後さらなる検討が必要であるといえる．

(38) dry A → dry V　　clean N → clean V

2.9　第1姉妹の原理

動詞由来複合語（verbal compound）とは，複合語の第2要素（右側の要素）の部分である，主要部に動詞が含まれ，接尾辞である，-ing, -er, -ed などが添加され，主要部が，V-ing, V-er, V-ed の形をもっているものをいう（Roeper-Siegel 1978 を参照）．

(39) a. time-saver（時間節約になるもの）：S save (V) time (O)
　　 b. house-cleaning（家の掃除）　　　：S clean (V) house (O)
　　 c. peace-making（調停・仲裁）　　　：S make (V) peace (O)
　　 d. good-looking（美人）　　　　　　：S look (V) good (C)

(39) に挙げられた例において，これらの動詞由来複合語は動詞のすぐ右側に隣接している第1要素が用いられて複合語が形成されていることがわかる．すなわち，動詞の右側でも，2番目に位置する要素を用いて動詞由来複合語を形成することはできないと考えられる（(40) において，(1) は第1要素を，(2) は第2要素を表している）．

(40) a. She makes peace quickly.
　　　　　　　　　(1)　　(2)
　　 b. peace-making / *quick-making
　　　　　(1)　　　　　　　(2)

(40) でみられるような語形成の事実を的確に説明するためには，動詞由来複合語の形成には以下のような制約によって説明が可能であるとされ，次のような原理が提案されている．

(41) **第 1 姉妹の原理**（first sister principle）
　　 すべての動詞由来複合語は，動詞の第 1 姉妹の位置に生じる語を**編入**（incorporation）することにより作られる．

(41) の原理に従えば，動詞の第 1 姉妹の位置に生起する語とは，動詞のすぐ右隣にある要素のことであり，この要素を動詞由来複合語の**非主要部**（複合語の第 1 要素）として編入することで，適格な動詞由来複合語が生産されることになる．たとえば，(40a) でみられる動詞 make は直接目的語を必要とするが，その次の副詞は随意的な要素であるという下位範疇化をもっている．それゆえ，この他動詞である make が第 1 姉妹として編入できるのは，すぐ右側に隣接している直接目的語である（自動詞の場合：think quickly → quick-thinking）．

2.10　阻　　止

阻止（blocking）とは，すでに人間の辞書（レキシコン）に同義語が存在している場合，派生による新たな新造語が容認不可となることである．

(42) すでに別の抽象名詞が存在しているとき，新しい語は認められない：
　　　xous + ity → xosity
　　　（形容詞）　　（名詞）
　　　（形容詞）　　（抽象名詞）
　　　curious　　　　―――　　　curiosity
　　　specious　　　 ―――　　　speciosity
　　　glorious　　　 glory　　　*gloriosity
　　　furious　　　　fury　　　 *furiosity

(43) a. last year / last month / *last day → yesterday
　　 b. next month / next week / *next day → tomorrow
　　 c. this morning / this afternoon / this evening / *this night → tonight
　　 d. blue → pale blue / red → *pale red (= pink)

完全な阻止現象とはいえないが，英語では，すでに否定的な意味を含んでいる語には，否定を示す接頭辞 un- は添加されることはない．

(44) a. un-happy / *un-sad
　　 b. un-healthy / *un-ill
　　 c. un-clean / *un-dirty

2.11 逆　　成

逆成（back formation）とは，派生語をみあやまって，接辞として分析可能な部分を語基（基体）から削除することである．

(45) a. burgl-ar（強盗）→ burgle（強盗する）
　　 b. edit-or（編集者）→ edit（編集する）
　　 c. peddl＋er（行商人）→ peddle（行商する）
　　 d. difficult-y（困難）→ difficult（難しい）

2.12 異　分　析

異分析（metanalysis）とは，ある語が従来，または本来であった形とは異なった方法で分析されることである（d. の例は異分析に類する例である）．

(46) a. a napron → an apron
　　 b. an ickname → a nickname
　　 c. Hamburg＋er → Ham-burger / Cheese-burger / Beef-burger / Fish-burger / King-burger / テリヤキ - burger など
　　 d. 御＋路 → 道 / ま（目）＋蓋 → まぶた / 酒＋菜 → さかな（＝魚）
　　　　這い＋入る → 入る

2.13 頭文字語

頭文字語（acronym）とは，名前を表す句の最初の文字を用いて作られる語のことで，通常は，これらは名詞を表すものである．

また，頭文字語は，その読み方によって，2つに分けることができ，文字のまま発音するものと，1つの単語と同じように発音するものとに分けられる．

(47) a. 文字による発音をするもの：
　　　　BBC（British Broadcasting Corporation：英国放送協会）
　　　　CNN（Cable News Network：米国のニュース専門テレビ局）
　　　　L. A.（Los Angeles：ロサンゼルス　cf. Los＝The（スペイン語））

b. 1つの単語のように発音するもの：
　　scuba（Self-Contained Underwater Breathing Apparatus：
　　　　自給式潜水呼吸装置（スキューバ：[sk(j)úːba]）
　　NATO（North Atlantic Treaty Organization：北大西洋条約機構：[neitou]）
　　WCCFL（West Coast Conference on Formal Linguistics：西海岸形式言語学会議：
　　　　[wIkfIl]）
　　SNCC（Student National Coordinating Committee：学生全米調整委員会：[snIk]）
　　FSLI（Federal Savings and Loan Insurance：連邦貯蓄貸付保険：[fIslI]）
　　Ms.（Mrs と Miss の合成語：女性への敬称：[mIz]）

(47) のなかで，英語の「WCCFL」,「SNCC」,「FSLI」,「Ms.」などの語では，子音の連続を避けるために母音が挿入されているが，その母音は共通して，[I] という単母音であることは特徴的である．また，頭文字語ではないが外来語として日本語になったカタカナ語の語尾の発音にも，ink [ku / ki], strike [ku / ki], stick [ku / ki] のように [i] という単母音が用いられる場合があり，これも非常に興味深い現象の1つであるといえる．

2.14 混　　　成

混成（blending）とは，いくつかの語を用いて，それらの語から一部を取り出して，新たな組み合わせによって，新造語を作り出すことである．なお，( ) の部分が取り出されている部分である．

(48) a. (sm)oke + f(og) → smog
　　 b. (mo)tor + ho(tel) → motel
　　 c. (br)eakfast + l(unch) → brunch
　　 d. (ゴ)リラ + ク(ジラ) → ゴジラ
　　 e. (スマ)ート + (ホ)ン → スマホ / (スマ)ート + (ケー)タイ → スマケー

2.15 短　　　縮

短縮（shortening）とは，多音節語や複合語において，もとの語から音節やモーラ（mora）の単位で一部分を取り出して，語を作り出すことである．残される

要素の出現率は，普通，前部要素＞後部要素＞中央の要素，という順序になっている．複合語では，第1要素の一部と第2要素の一部から取り出しが行われ，それらの部分の組み合わせによって作り出されるのが普通である．また，**省略**（clipping）と呼ばれる場合もある．

(49) a. (exam)ination → exam
　　 b. in(flu)enza → flu
　　 c. Eliza(beth) → Beth
　　 e. (マクド)ナルド → マクド
　　 d. アル(バイト) → バイト
　　 e. (ロイ)ヤル＋(ホ)スト → ロイホ
　　 f. (携帯)＋電話 → 携帯
　　 g. 学校＋(給食) → 給食
　　 h. (学)生＋(割)引 → 学割

2.16　混種語・語源・その他

混種語（hybrid word）とは，1つの語や複合語などのなかに，異なった語源をもった要素から構成される語である．また，(50f)のように，明治維新以降に英語などの外来語が日本に入って来たことによって，新たな語による区別が必要となった語ができた．

(50) a. beautiful（beauté →（仏：美しさ）＋ ful（英：〜に満ちた））
　　 b. ランクづけ →（外来語（英：rank）＋和語）
　　 c. 電子マネー →（漢語＋外来語（英：money））
　　 d. 水商売 →（和語＋漢語）
　　 e. クリーム・パン →（外来語：英語（cream）＋ポルトガル語（pan））
　　 f. 菓子 →（和菓子／洋菓子）　服→（和服／洋服）　映画→（邦画／洋画）

🔍 より深く勉強したい人のために

- 大石強（1988）『形態論』開拓社．
　用例が豊富であり，形態論全体の概観をするのに適している良書である．初級者から上級者にかけて，幅広い読者層を対象としている．

- 影山太郎（1993）『文法と語形成』ひつじ書房．

日本語の用例が豊富で，さまざまな語形成に関わる理論が紹介されており，最後には，著者自身が提唱する「モジュール形態論」の枠組みが紹介されている．中級者から上級者向き．
- 大石強・西原哲雄・豊島庸二（2005）『現代形態論の潮流』くろしお出版．
　形態論における，さまざまな観点からの最新論文が，13篇収められており，日本での最新形態論研究を知ることができる論文集である．中級者から上級者向き．

演習問題

1. impoliteness（im + polite + ness）という単語の内部構造を，接辞添加の順序づけの仮説にしたがって説明しなさい．
2. 英語の単語で，右側主要部規則に従っている単語の例を挙げ，語彙範疇（品詞）や意味の変化について説明しなさい．
3. 英語や日本語において，混成（blending）によって作られた単語を挙げ，それらの音声的な構造（たとえば，音節構造など）についても注目しながら説明しなさい．

文　献

大石強（1988）『形態論』開拓社．
岡田禎之（2002）『現代英語の等位構造』大阪大学出版会．
影山太郎（1982）「日英の語形成」森岡健二ほか（編）『外国語との対照 III（講座日本語学 12）』明治書院：85-102.
影山太郎（1989）「形態論・語形成論」『言語学要説（上）（日本語と日本語教育 11）』明治書院：60-92.
影山太郎（1993）『文法と語形成』ひつじ書房．
影山太郎（1999）『形態論と意味』くろしお出版．
窪薗晴夫（1991）『英語の発音と英詩の韻律』英潮社．
小泉保（2008）『現代日本語文典』大学書林．
下宮忠雄（1999）『歴史比較言語学入門』開拓社．
高橋潔・西原哲雄（2011）『教養のための言語学』晃学出版．
並木崇康（1985）『語形成』大修館書店．
並木崇康（1992）「形態論」『海外言語学情報』**6**: 179-189.
並木崇康（2009）「形態論」中島平三（編）『言語学の領域（I）』朝倉書店：73-103.
西原哲雄（1994）「語構造のパラドックスと音律構造―経済性の原理との係わり―」『甲南英文学』**9**: 44-60.
西原哲雄（1994）「複合語の屈折と慣用化」『ことばの音と形』こびあん書房：230-238.
西原哲雄（2001）「分離形態論再考」『甲南英文学』**16**: 1-14.

西原哲雄 (2012)『英語の形態論とレキシコン』晃学出版.
西原哲雄・豊島庸二 (1992)「複合語の強勢付与と音韻語」『甲南大学紀要（文学編）』**85**: 158-170.
西原哲雄・那須川訓也（編）(2005)『音韻理論ハンドブック』英宝社.
西原哲雄・松原史典・南條健助（共編）(2005)『ことばの仕組み―最新英語言語学入門―』金星堂.
山本清隆 (1995)「単純語・複合語・派生語」『日本語学』5月号: 38-45.
Aitchison, Jean (2003) *Words in the Mind*, London: Blackwell.
Allen, Margaret (1978) "Morphological Investigations," Ph. D. dissertation, University of Connecticut.
Bochner, Harry (1992) "Inflection and derivation," *Linguistic Review* **3**: 411-421.
Booij, Geert (2007) *The Grammar of Words*, Oxford: Oxford University Press.
Burzio, Lugi (1994) *Principles of English Stress*, Cambridge: Cambridge University Press.
Chomsky, Noam and Morris Halle. (1968) *The Sound Pattern of English*, New York: Harper & Row.
Gordon, Matthew and Ayla Applebaum (2010) "Prosodic Fusion and Minimality in Kabardian," *Phonology* **27**: 45-76.
Kiparsky, Paul (1982) "Lexical Morphology and Phonology," in I.-S. Yang (ed.) *Linguistics in the Morning Calm*, Hanshin: Seoul, 3-91.
Lieber, Rochelle (1980) "On the Organization of the Lexicon," Ph. D. dissertation, MIT.
Lieber, Rochelle (1992) *Deconstructing Morphology*, Chicago: The University of Chicago Press.
Lieber, Rochelle (2010) *Introducing Morphology*, Cambridge: Cambridge University Press.
Mohanan, Karuvannur Puthaanveettil (1982) Lexical Phonology, Ph.D. dissertation, MIT.
Neelman, Ad and Joleen Schipper (1992) "Verbal Prefixation in Dutch," in Geert Booij and Jan van Marle (eds.) *Yearbook of Morphology 1992*, Dordrecht: Kluwer Academic Press, 57-92.
Nishihara,Tetsuo, Jeroen van de Weijer and Kensuke Nanjo (2001) "Against Headedness in Compound Truncation: English Compounds in Japanese," in Jeroen van de Weijer and Tetsuo Nishihara (eds.) *Issues in Japanese Phonology and Morphology*, Berlin: Mouton de Gruyter, 300-324.
Roeper, Thomas and Muffy E. A. Siegel (1978) "A Lexical Transformation for Verbal Compounds," *Linguistic Inquiry* **9**: 199-260.
Scalise, Sergio (1986) *Generative Morphology*, Dordrecht: Foris.
Scalise, Sergio (1988a) "Inflection and Derivation," *Linguistics* **26**: 561-581.
Scalise, Sergio (1988b) "The Notion of 'Head' in Morphology," in Geert Booij and Jan Van Marle (eds.) *Yearbook of Morphology 1988*, Dordrecht: Foris, 247-258.
Siegel, Dorthy (1974) *Topics in English Morphology*, Ph.D. dissertation, MIT. (New York: Garland 1979)
Stampe, David (1972) *A Disseratation on Natural Phonology*, Ph. D. disserataion. (New York: Gar-

land 1979)

Trost, Harald (2003) "The Structure of Words: Morphotactics," in Ruslan Mitkov (ed.) *The Oxford Handbook of Computational Linguistics*, Oxford: Oxford University Press, 34-47.

Williams, Edwin (1981) "On the Notions 'Lexically Related' and 'Head of a Word'," *Linguistic Inquiry* **12**: 245-274.

Yip, Moira (1978) "English Vowel Epenthesis," *NLLT* **5**: 463-484.

第3章 文の構造について
―統語論―

奥野忠徳

3.1 文法とは何か

文法（grammar）とは何であろうか．われわれ日本人は，中学校，高等学校で英文法や国文法というものを教えられるので，漠然と文法というものを知っていると思っている．しかし，改めて問われると，どのように答えてよいか悩むのではないだろうか．文法というものを考えるために，(1) をみてみよう．

(1) a. This is a dog.
　　b. *This a dog is.

(1a) は「文法的」であると判断され，(1b) は「非文法的」であると判断される（(1b) についている *は，それが非文法的であることを示すマークである）．同様に，(2a) の句は文法的，(2b) は非文法的である．

(2) a. the interesting book
　　b. *interesting the book

(1b)，(2b) が容認できない理由は自明のように思われるが，それほど自明ではないような現象もある．

(3) ［夏目君が書いた］小説が一番面白い．

(3) の文の [ ] の部分は，いわゆる関係節であるが，その関係節中に疑問詞が入るだろうか．

(4) a. ［夏目君が<u>どこで</u>書いた］小説が一番面白いですか．
　　b. ［夏目君が<u>いつ</u>書いた］小説が一番面白いですか．

(4a) も (4b) も文法的な文である．ところが，「なぜ」を入れた (5) は容認できない文である．

(5) *［夏目君が<u>なぜ</u>書いた］小説が一番面白いですか．

理由を問う句が関係節に生じないというわけではない．なぜなら，(6) は容認され

るからである．

(6) ［夏目君がどういう理由で書いた］小説が一番面白いですか．

以上のことからわかることは，ことばとはなんらかの規則（ルール）に従って語が配列されているということである．そして，文法とは，そのような規則の集合体のことであり，そのような規則の集合体がわれわれの頭の中（脳の中）に存在するはずである．すなわち，ある言語の文法とは，その言語を話す母語話者の頭（脳）の中にあると想定される仕組みであり，それとともに，その仕組みを解明する理論も文法と呼ばれる．したがって，文法理論は，（少なくとも）次のことができなければならない．

(7) a. 文法的な文をすべて作ることができる．
    b. 文法的でない文は作らない．

では，これから (7) の条件を満たすような文法を少しずつ構築していこう．

3.2 文法の構築に向けて

まず，次の文を考えてみよう．

(8) This dog will walk very slowly to that fox.

この文は文法的である．この文について，母語話者は，各語をひとつひとつバラバラに認識しているのでなく，何らかのまとまりとして把握しているように思われる．たとえば，this dog は 1 つのまとまりとして把握されているであろう．同様に，that fox も 1 つのまとまりとして把握されていると考えられる．これを次のように表してみよう．

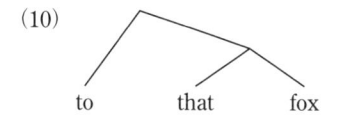

(9) a.　　　　　　　　　　b.
　　 ／＼　　　　　　　　　 ／＼
　 this　dog　　　　　　　that　fox

(9a) では，this と fox が 1 つのまとまりになっていることを表している．まとまりをさらに探してみると，to that fox も 1 つにまとまっていると考えられる．それを (9b) と合体させると (10) のようになる．

(10)
　　　／＼
　　／＼
to　that　fox

(10) では，まず that fox が 1 つのまとまりであり，そのまとまりと to がさらに 1 つのまとまりとして把握されていることを表している．

さらに，very slowly も 1 つのまとまりとして把握され，walk very slowly to that fox もまとまっていると把握されているように思われる．もしそうであれば，次のように表される．

(11)

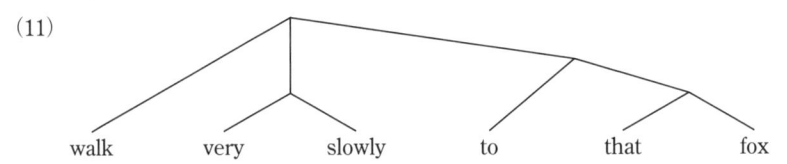

```
        walk    very    slowly    to    that    fox
```

これ以上の直感はあまり明確なものではないが，(8) 全体は 1 つのまとまりとして把握されるので，(いくぶん恣意的ではあるが)(8) の全体像は (12) のようになると考えてみよう．

(12)

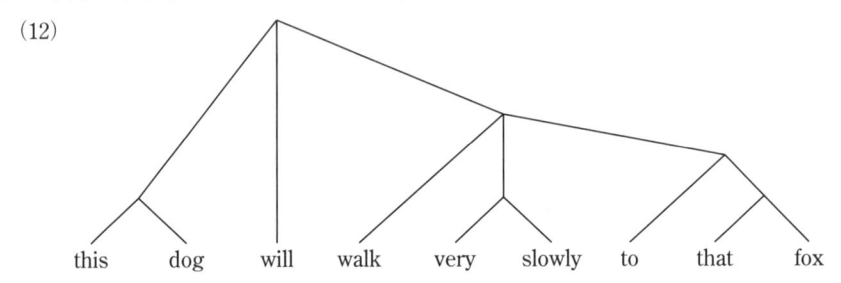

```
    this    dog    will    walk    very    slowly    to    that    fox
```

次に，それぞれのまとまりに名称を与えよう．これは，言及するためのものであり，それ以上の意味はない．したがって，どのような名称でもいいのであるが，慣例に従う方が混乱が少ないので，ここではなるべく慣例に従うことにしよう．

まず，(12) における最下列，すなわち，語である．語も 1 つのまとまりなので，左から順に，this を Det とし，dog を N (Noun)，will を Aux (Auxiliary verb)，walk を V (Verb)，very を Deg (Degree)，slowly を Adv (Adverb)，to を P (Preposition)，that を Det，fox を N とする．また，this boy というまとまりは，慣例上，Noun Phrase (**名詞句**) と呼ばれているので，これを NP とし，very slowly を AdvP (Adverb Phrase)，to that fox を PP (Preposition Phrase)，walk very slowly to that fox を VP (Verb Phrase)，全体を S (Sentence) としよう．それを図示すると (13) になる．

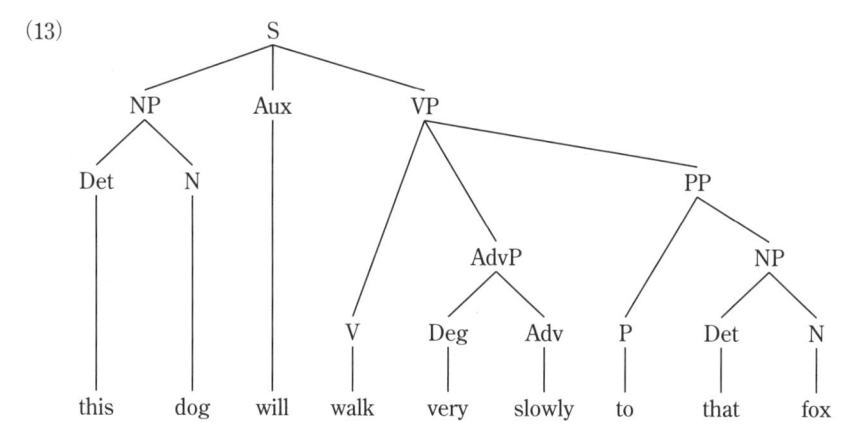

(13)
```
              S
       ┌──────┼──────┐
       NP    Aux     VP
      ┌─┴─┐      ┌────┴────┐
      Det  N              PP
                  ┌───┐  ┌─┴─┐
                  V  AdvP P   NP
                     ┌─┴─┐   ┌─┴─┐
                     Deg Adv Det  N
      this dog will walk very slowly to that fox
```

(13) のような構造は，**句構造** (phrase structure) と呼ばれる．句構造については，次の点が重要である．まず，われわれがデータとして観察できるのは最下列の語の並びだけであり，それより上の部分はすべて**理論的構築物** (theoretical construct)，つまり，仮説である．したがって，正しいという保障はなく，科学理論同様，証拠によって証明されなければならない．そうはいっても，われわれはどこかから始めなければならないので，ここでは (13) が正しいものと仮定して，さらに議論を進めていこう．

さて，(13) の句構造は，いわば，下から上へ積み上げていったものであるが，今度は逆に上から下へ，つまり S から出発して下へ向かうというふうにみてみよう．そうすると，あたかも文を作り出すような見方ができるであろう．それを規則の形で (14) のように表現してみよう．

(14) a. S → NP　Aux　VP
　　　b. VP → V　AdvP　PP
　　　c. AdvP → Deg　Adv
　　　d. PP → P　NP
　　　e. NP → Det　N

(14) のような規則は，**句構造規則** (phrase structure rules) と呼ばれる．また，(14) の規則の適用順序は問わない．しかし，(14) だけではまだ語が不足しているので，(15) のような**辞書** (lexicon) を追加する．

(15) this: Det,　　dog: N,　　will: Aux,　　walk: V,　　very: Deg
　　　slowly: Adv,　　to: P,　　that: Det,　　fox: N

たとえば，[this: Det] は，「this という語は Det という（語彙）範疇（lexical category）に属する」ということを意味する．

(14) の句構造規則と (15) の辞書を使って，われわれは (13) の句構造を「上」から「下」へ構成することができる．しかし，ここで興味ある事実に気づく．すなわち，われわれは，(13) の構造を作るために (14) と (15) を設定したのであるが，(14) と (15) を使うと，(13) 以外にも文を作ることができるという事実である（演習問題 1 を参照）．

さらに多くの文を作るためにはどのようにすればいいであろうか．方策の 1 つは，辞書を大きくすることである．たとえば，次のような語を追加してみよう．

(16) can: Aux,　　cat: N,　　the: Det,　　easily: Adv,　　climb: V,
　　 up: P　　tree: N

このようにすることによって (17) の文を作ることができる．

(17) The cat can climb very easily up the tree.

この方策に基づいて辞書をさらに大きくし語を増やすことによって作り出せる文がさらに増加する．しかし，辞書項目を増大させるというこの方策には限界がある．なぜなら，いくら辞書を大きくしても次の文を作ることはできないからである．

(18) This dog will walk to that fox.

(18) の文が作れない原因は，句構造規則 (14b) で AdvP が必ず出現するとしている点にある．したがって，われわれは VP を展開する規則を 2 つ設定しなければならない．

(19) a. VP → V　AdvP　PP
　　 b. VP → V　PP

(19) の規則は，結局，AdvP が**義務的**（obligatory）な要素ではなく，**随意的**（optional）な要素であることを表している．この事実をもう少し直接的に表すために，(19a, b) をまとめて (20) のように記述しよう．

(20) VP → V（AdvP）PP

(20) における（　）は，その中の要素が随意的である，つまり，あってもなくてもよい，ということを表す．

随意性を念頭に置いてさらに現象を探ってみよう．

(21) a. The fox can walk to the tree.
　　 b. The fox can walk.

(21a, b) から，VP 内の PP も随意的であることがわかる．したがって，(20) は (22) のように改定される．

(22) VP → V （AdvP）（PP）

次に (23) をみよう．

(23) The fox will eat the apple very slowly.

(23) は，V の直後に NP が現れ，しかもその NP は AdvP の前に位置することを示している．したがって，(22) は (24) のように改定される（演習問題 2 を参照）．

(24) VP → V （NP）（AdvP）（PP）

VP を展開する規則同様に，AdvP を展開する規則 (14c)，NP を展開する規則 (14e) についても，(25) のような文が文法的であるため，(26) のように改定する．

(25) a. The fox will walk slowly to the tree.
　　 b. John can swim.

(26) a. AdvP → （Deg）Adv
　　 b. NP → （Det）N

S を展開する句構造規則 (14a) と PP を展開する句構造規則 (14d) については随意性を認めず，もとのままにしておく．

以上の結果をまとめると (27) のようになる．

(27) a. S → NP　Aux　VP
　　 b. VP → V （NP）（AdvP）（PP）
　　 c. AdvP → （Deg）Adv
　　 d. PP → P　NP
　　 e. NP → （Det）N

辞書と (27) の句構造規則とにより，われわれは相当数の文を作り出すシステムを手にしたことになる．

3.3　構築した文法の正当化

すでに述べたように，文法とは，母語話者の頭の中（脳の中）にある言語能力を説明する科学理論である．その言語直感は (13) のような句構造も含む．したが

って，われわれは，句構造が本当に存在するのかどうかを経験的証拠によって検証しなければならない．この節ではそのような証拠をみていくことにしよう．

3.3.1 構造的多義性

多義的（ambiguity）とは，複数通りに解釈できるということである．たとえば，bankという語は，「銀行」と「土手，堤防」と解釈できるので**多義**（ambiguous）である．この多義性は**語彙的多義性**（lexical ambiguity）である．これに対して，**構造的多義性**（structural ambiguity）とは，たとえば，次のような表現にみられる多義性である．

(28) wild tigers and elephants

(28)は，wildがtigersとelephantsの両方を修飾する解釈と，wildがtigersだけを修飾する解釈とがある．これはどのように説明できるであろうか．

次のように考えてみよう．まず，(28)の句構造として(29a)と(29b)を仮定する．

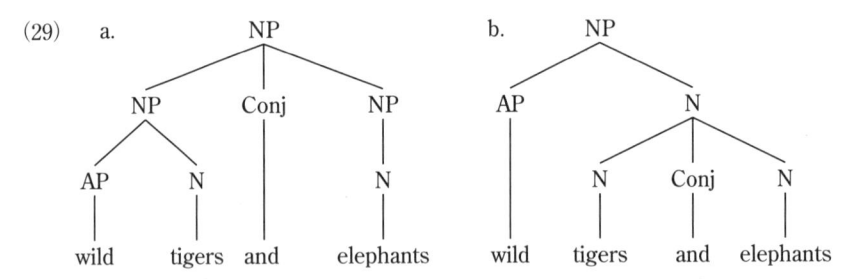

(29) a.
```
           NP
        /  |  \
      NP  Conj  NP
     /  \       |
    AP   N      N
    |    |      |
   wild tigers and elephants
```
b.
```
         NP
        /  \
       AP   N
       |   /|\
       N  N Conj N
       |  |    |
      wild tigers and elephants
```

(29)で，Conjは**接続詞**（conjunction），APは**形容詞句**（Adjective Phrase）を指す．また，句構造の詳細についてはさらに精密化が必要であるが，ここでの目的には(29a)と(29b)で十分である．そして，(30)の原理を仮定する．

(30) 修飾の原則

　　APはその「姉妹」（sister）を修飾する．

「姉妹」は次のように定義される．

(31) aを直接支配する節点がbを直接支配する場合，bはaの**姉妹**（sister）である．

「xがyを支配している」（x dominates y）とは，句構造でxがyの上にあるということであり，「xがyを直接支配している」（x immediately dominates y）とは，

xがyのすぐ上にあるということである．「支配」の正確な定義は複雑であるが，ここでの目的にはこの直感的な定義で十分である．

たとえば，次のような仮想の句構造を考えてみよう．

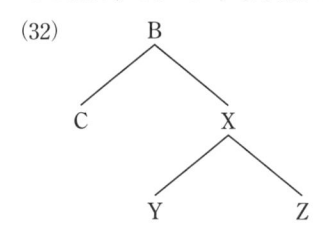

(32)
```
        B
       / \
      C   X
         / \
        Y   Z
```

(32)の句構造に関しては次のことがいえる．

(33) a. C は X の姉妹である．
b. X は C の姉妹である．
c. C は Z の姉妹ではない．
d. Y は C の姉妹ではない．
e. Y は Z の姉妹である．

(29a)では，wild という AP は tigers という N と姉妹であるため，(30)の原則によって，wild は tigers だけを修飾することになる．それに対して，(29b)では，AP は tigers and elephants という N と姉妹であるため，AP はその N，つまり，tigers と elephants の両方を修飾することになる．このように，(29)の句構造，および，(30)のような一般原理は(28)のような構造的多義性を説明することができる．したがって，句構造はその根拠を与えられたことになる．

3.3.2 挿入句の分布

次の文を考えてみよう．

(34) The fox, almost obviously, will bite the boy.

(34)で almost obviously は，文に挿入される挿入句である．このような挿入句は文のどこに挿入されることができるであろうか．(34)では主語と助動詞の間に挿入されているが，他の場所に挿入された場合，おおよそ次のような結果になる．

(35) ∧ The ∧ fox ∧ will ∧ bite ∧ the ∧ boy ∧
　　　OK　　*　　OK　　OK　　*　　*　　OK

この観察結果を説明する一般原則はどのようなものであろうか．これを考えるた

めに，(35) の文の句構造を書いてみよう．

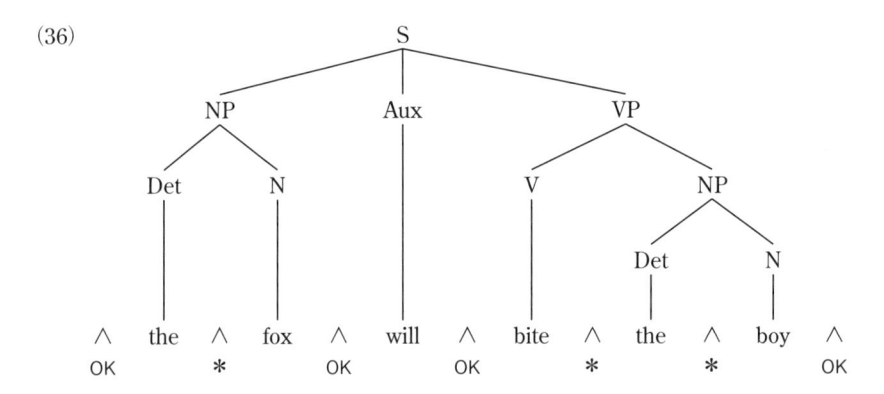

(36)

```
                    S
        ┌───────────┼───────────┐
        NP         Aux          VP
      ┌─┴─┐                  ┌──┴──┐
     Det  N                  V     NP
                                 ┌─┴─┐
                                Det  N
   ∧  the  ∧  fox  ∧  will  ∧  bite  ∧  the  ∧  boy  ∧
   OK       *       OK       OK       *       *       OK
```

(36) で OK とされている場所に共通しているのは，それらの場所が S から直接支配されているということである．

(37) 挿入句は S によって直接支配されていなければならない．

もし (37) が基本的に正しいとすれば，直接支配という概念は句構造を前提としているため，句構造が存在していなければならない（(37) は，obviously が文を修飾する文副詞であることと関係があると考えられる．また，英語の副詞の分布は，実際はもっと複雑である．この問題については，たとえば，Ernst (2002) などを参照のこと）．

3.3.3　照応現象

次の文を考えてみよう．

(38) a. <u>Mary</u> believes <u>she</u> is beautiful.
　　 b. *<u>She</u> believes <u>Mary</u> is beautiful.

(38) で，下線部は同一人物を指すものとする．(38a) は文法的であるが，(38b) はそうではない．複数の NP が同一物を指すような現象を照応現象という．一般に，このような照応現象を支配している規則はどのようなものであろうか．

この問題はまだ完全には解決されていないが，ここではチョムスキーなどの諸提案をもとにして，それを簡略化した次のような仮説をもとにして話を進めていこう．

3.3 構築した文法の正当化

(39) a. 束縛理論 (A): 再帰代名詞と相互代名詞は，それを支配している最小の S か NP 内において，同一指示物を表す NP によって **c 統御**（c-command）されていなければならない．

b. 束縛理論 (B): 代名詞は，それを支配している最小の S か NP 内において，同一指示物を表す NP によって c 統御されていてはならない．

c. 束縛理論 (C): 再帰代名詞，相互代名詞，代名詞以外の名詞句は，同一指示物を表す NP によって c 統御されていてはならない．

まず，簡単に用語の説明をしておこう．再帰代名詞とは，myself や himself のように，-self/-selves の形をもつ代名詞である．相互代名詞とは，each other/one another である．c 統御とは，次のように定義される．

(40) x が y を c 統御している（x c-commands y）とは，次の (a) と (b) がどちらも成り立つことである．
　a. x が y を支配していない
　b. x を直接支配する節点が y を支配している

具体例で解説しよう．(41) の句構造を考える．

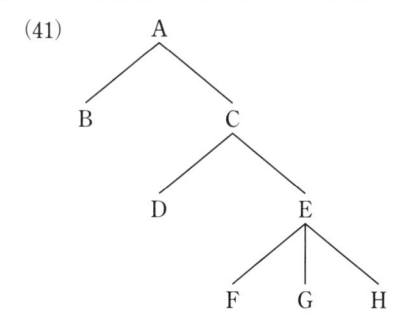

(41)
```
            A
           / \
          B   C
             / \
            D   E
               /|\
              F G H
```

(41) では次の関係が成立している．

(42) a. B は，C, D, E, F, G, H を c 統御している．
　b. C は，B を c 統御している．
　c. D は，B を c 統御していない．
　d. F は，G, H を c 統御している．

以上のことを踏まえて，まず，(38a) の句構造である (43) を見てみよう（ここでの議論と関係がない部分は省略してある）．

(43)

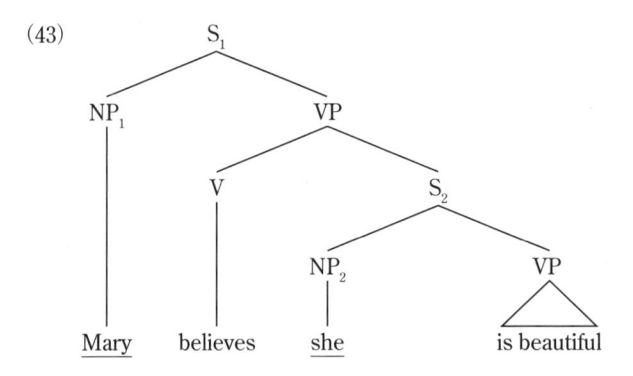

```
           S₁
          /  \
        NP₁   VP
         |    /  \
              V    S₂
                  /  \
                NP₂   VP
                      △
        Mary believes she  is beautiful
```

　まず，Mary がこの位置で正しいかどうかを判定する．Mary は再帰代名詞でも相互代名詞でも代名詞でもないので，束縛理論 (C) が当てはまる．Mary (NP_1) は同一指示物を表す NP_2 によって c 統御されていないので，束縛理論 (C) によって，Mary はこの位置で正しいと判定される．次に she がこの位置で正しいかどうかを判定する．she は代名詞であるから束縛理論 (B) が当てはまる．she (NP_2) を支配する最小の S もしくは NP は S_2 である．したがって，S_2 の内部で NP_2 が同一指示物を表す NP によって c 統御されているかどうかを見てみると，そもそも S_2 内には she と同一指示物はない（Mary (NP_1) は S_2 の外にあることに注意）．したがって，NP_2 は束縛理論 (B) に合致し，正しいと判定される．どこにも違反がないので，(38a) は文法的な文であると判定される．

　次に，(38b) の句構造である (44) をみる．

(44)

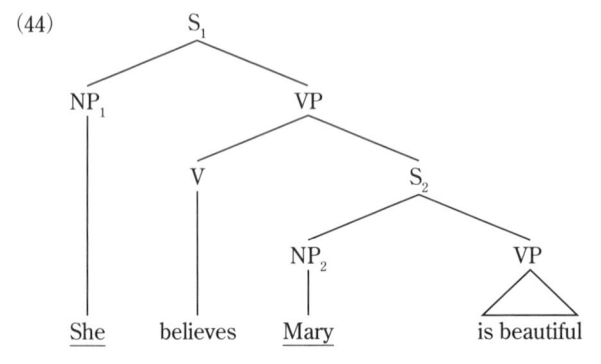

```
           S₁
          /  \
        NP₁   VP
         |    /  \
              V    S₂
                  /  \
                NP₂   VP
                      △
        She believes Mary  is beautiful
```

　まず，she の正当性を判定する．she は代名詞であるから，束縛理論 (B) が当てはまる．she (NP_1) を支配する最小の S もしくは NP は S_1 である．S_1 の内部で

NP_1 は同一指示的な NP_2 によって c 統御されていないので正しいと判定される．次に Mary (NP_2) である．NP_2 には束縛理論 (C) が適用される．NP_2 はその同一指示的な NP_1 によって c 統御されている．したがって，束縛理論 (C) に違反し不適格と判定される．このため，(38b) は非文法的であると判定される．

さらに (45) の文の文法性を判定してみよう．

(45) The woman <u>he</u> married thinks <u>Tom</u> is a genius.

(45) の文の句構造は，概略，(46) のようになる．

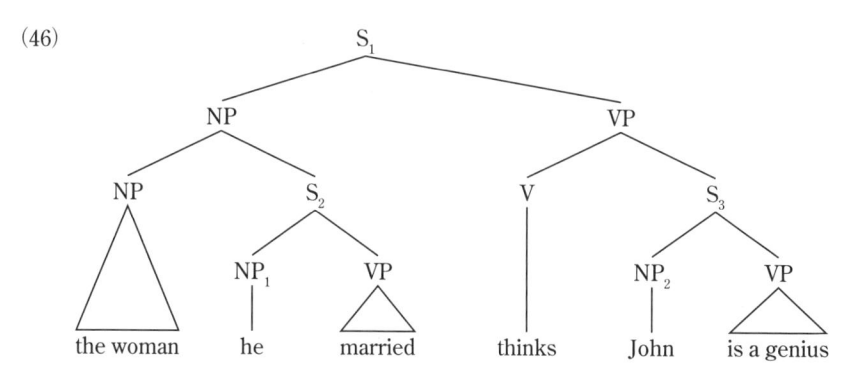

(46)

```
                        S₁
           ┌────────────┴────────────┐
          NP                         VP
       ┌───┴───┐                  ┌──┴──┐
      NP       S₂                 V     S₃
       △    ┌──┴──┐                  ┌──┴──┐
   the woman NP₁  VP              thinks NP₂  VP
              │    △                     │    △
              he  married               John is a genius
```

まず，he (NP_1) がこの位置で許されるかを判定する．NP_1 は代名詞であるため，束縛理論 (B) が適用される．NP_1 を支配する最小の S または NP は S_2 である．S_2 の内部で NP_1 は同一指示的な NP によって c 統御されていない（そもそも，S_2 の内部には同一指示物を指す NP がない）．したがって，NP_1 は問題がないと判定される．次に John (NP_2) を判定する．NP_2 は代名詞ではないので束縛理論 (C) が適用される．NP_2 は，その同一指示を表す NP_1 によって c 統御されていない．したがって，NP_2 も問題がない．以上のことから (45) は文法的と判定される．

照応現象についてはまだ謎も多いが，もし (39) のような理論が正しいとすれば，その中心概念である c 統御は純粋に統語的概念であり，句構造の存在が確証される（演習問題 3 を参照）．

3.4 下位範疇化

文法 (grammar) は，次の構成部門から構成されることをみてきた．

(47) 句構造規則
 a. S → NP Aux VP
 b. VP → V (NP) (AdvP) (PP)
 c. AdvP → (Deg) Adv
 d. PP → P NP
 e. NP → (Det) N

(48) 辞書
 apple: N, eat: V, fox: N, fall: V, …

(47) と (48) から，たとえば，次のような文法的な文を作ることができる．

(49) The fox will eat the apple.

しかし，それとともに (50) のような非文法的な文も作られてしまう．

(50) *The fox will fall the tree.

したがって，(50) のようなタイプの文を生成しないように何らかの修正をしなければならない．どのようにすればいいだろうか．

一般には，(49) と (50) の区別は他動詞と自動詞の差として説明されている．その案を取り入れると，句構造規則 (47b) は次のように修正されるであろう．

(51) a. VP → V_t (NP) (AdvP) (PP)
  b. VP → V_i (AdvP) (PP)

(51a) は他動詞に対応する規則であり，(51b) は自動詞に対応する規則である．しかし，(51) のような考え方は有意義な一般化を逸しており，したがって，不十分である．なぜそうなのかをみていこう．

まず (52) をみよう．

(52) a. Jack put the book {in the box/ on the table/ behind the desk}.
  b. *Jack put the book.
  c. *Jack put on the table.
  d. *Jack put.

(52) からわかることは，put という動詞は，<u>その後ろに目的語 NP のほかに何らかの場所の表現を必要とする</u>ことである．これは set や place という動詞についても当てはまる．さらに，(53)，(54) をみてみよう．

(53) a. Jack worded the letter carefully.
  b. *Jack worded the letter.

(54) a. Jack lives in Paris.
　　 b. *Jack lives.

(53), (54) から，word という動詞は，その後ろに目的語 NP のほかに様態の表現を必要とし，live という動詞は，その後ろに場所を表す表現を必要とすることがわかる．

上で「その後ろに」という表現が何回かみられるが，その観点から (49), (50) を見直してみると，他動詞とは「その後ろに NP をとる」動詞と定義でき，自動詞は「その後ろに NP をとらない」動詞と定義できることがわかる．つまり，正しい一般化は，他動詞対自動詞ではなく，後ろに何をとるかということをもとに記述されなければならない．

このような記述方式として，**下位範疇化素性**（subcategorization feature）というものが提案されている（Chomsky, 1965）．たとえば，(55) のようなものである．

(55) a. eat: V, [+ ＿＿ NP]
　　 b. fall: V, [+ ＿＿]
　　 c. put: V, [+ ＿＿ NP　PP]
　　 d. word: V, [+ ＿＿ NP　AdvP]
　　 e. live: V, [+ ＿＿ PP]

(55) が表しているのは，eat は動詞であり，その後ろに NP をとるということであり，fall は動詞であり，その後ろに何もとらないということであり，put は動詞であり，その後ろに NP と PP をとるということである．

下位範疇化について少し付言しておく．まず第1に，「下位範疇化素性」という名称は，動詞を下位分類（つまり，下位範疇化）するような素性であることを意味する．第2に，put や live の下位範疇化素性の中に現れている PP は場所を表すものに限られ，word に現れる AdvP（もしくは PP）は様態を表すものに限られる．第3に，下位範疇化素性にある [　] は VP を表す．たとえば，(56) のような文にみられる PP は，dance を下位範疇化するものではない．

(56) Jack danced [under the tree]$_{PP}$.

なぜなら，PP（under the tree）は dance にとって必要な要素ではないからである．したがって，この PP は VP の外にあり，dance を下位範疇化する要素ではない．

3.5 変　　形

われわれは，3.2 節の (8) の例文から始め，かなりの数の文を正確に作り出せる統語システムを構築してきた．辞書の項目を増加させ，句構造規則も必要に応じて付け加えていくならば，さらに強力なシステムを構築することができるだろう．しかし，このようにしてできあがったシステムでもまだ作り出せない構造が存在する．それは (57) のようなタイプの文である．

(57) What will John put near the box?

(57) のようなタイプの文も句構造規則（と辞書）のみで作ることができるものと仮定してみよう．そうすると，(57) のような文を作るためには，今までの句構造規則に加えて (58) のような句構造規則が必要になるように思われる．

(58) S → NP Aux NP VP

(58) を用いて実際に (57) を作ってみよう．(59) は動詞 put を挿入する直前の段階を示す．

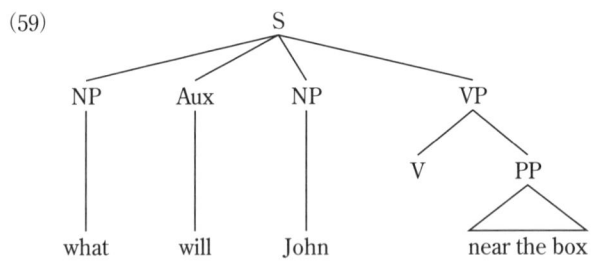

(59)

```
              S
    ┌────┬────┼────┬────┐
    NP   Aux  NP       VP
    │    │    │      ┌──┴──┐
                     V     PP
                           △
   what  will John       near the box
```

ここで V の位置に put を挿入できないことに注意しなければならない．なぜなら，3.4 節の (55c) でみたように，put は [＋＿＿ NP PP] という下位範疇化素性をもっており，(59) はその条件（つまり，後ろに NP と PP が後続するという条件）に合致しないからである．では，どのようにすればいいのであろうか．たとえば，下位範疇化素性を [＋＿＿(NP) PP] とすることが考えられるが，この方策は (57) を作り出せるが，(60) のような文を誤って作り出してしまう．

(60) a. *John will put near the box.
　　 b. *What will John put the book near the box?

このような議論から，(57) のようなタイプの文は句構造規則（と辞書）だけで

は作り出せないということがわかるのである．(57)のような文の問題点は，文頭のWh句が，実際はputの下位範疇化素性の中のNPとして機能しているにもかかわらず文頭にあるということである．このことから，句構造規則とはまったく性質が異なる規則が必要になるのである．このような規則を**変形**（または変形操作，transformation）と呼ぶ．変形を使うと，(57)は次のように作られる．

(61) a. John will put what near the box →
   b. what will John put neat the box?

まず従来通りの句構造規則と辞書によって(61a)の構造を作り，それから変形がそれを(61b)に変換する．句構造規則と辞書のみを使って作る最初の構造を**D構造**（D-structure）と呼び，変形がかかってできる最終的な(61b)のような構造を**S構造**（S-structure）と呼ぶ．(61a)から(61b)を作る際に適用される変形のうち，Wh句を文頭に移動させる変形を**Wh移動変形**（Wh-movement）と呼ぶ．(61)ではWh移動変形のほかに，Auxを主語の前に移動する変形も適用されている．

いままでの議論をまとめると，われわれの構築してきた文法は次の3つの部門から成り立っている．

コラム5●句構造規則とメタファー

次の文はチョムスキーが提示して以来，言語学の世界では有名になった文である．
　Colorless green ideas sleep furiously.
このような文は意味的に排除されることになるだろうが，これはそれほど簡単な問題ではない．たとえば，次の日本語の表現はどうだろうか．大きい愛，大きい悲しみ，大きい喜び．これらは容認可能のように思われるが，大きい幸福，大きい妬み，大きい温和，大きい情熱，は微妙である．さらに，大きい緻密，大きい冷静，大きい健康，大きい香り，は許されないだろう．ここでは**メタファー**（metaphor）が関わっており，しかも，メタファーはわれわれの日常言語に満ちあふれている．これに関して，かつてdeep structure/surface structureと呼ばれていた構造物が，deepが「深遠な」，surfaceが「浅薄な」というようなメタファー的意味合いをもつため，さまざまな誤解を生むことになったので，チョムスキーは，それらをD-structure/S-structureという純粋に機械的な用語に置き換えたことも興味深い．

(62) a. 句構造規則
　　 b. 辞書
　　 c. 変形

3.6　変形を設定する他の理由

われわれは，下位範疇化の性質により変形の存在を導き出したのであるが，その他の理由によっても変形の存在が示唆される．

(63) Mary's good at hockey.

(63)では，特に口語体で，is が 's に縮約されている．しかし，この**縮約**（contraction）がつねに可能であるわけではない．(64a)と(64b)を比較してみよう．

(64) a. Tom is good at baseball and Mary is ＿＿ at hockey.
　　 b. *Tom's good at baseball and Mary's ＿＿ at hockey.

(64)のように，be 動詞の直後に本来あったものがなくなったと考えられる場合，be 動詞の縮約は起こらない．この事実を念頭に置いて(65)を考えてみよう．

(65) a. How good do you think Mary is at hockey?
　　 b. *How good do you think Mary's at hockey?

(65)で縮約が起こらないということから，be 動詞の直後に何かがあったことが推察できる．その「何か」は，文頭の how good であろうことは容易に推測できるであろう．もしそうであれば，how good は be 動詞直後の位置から文頭に移動したということになる．

さらに，be 動詞の縮約と似た現象がある．

(66) a. I want to read it.
　　 b. I wanna read it.

(66a)は口語体では(66b)のように発音されることがある．つまり，want to は wanna という形に縮約される．この縮約もつねに可能なわけではない．

(67) a. Who do you want to read it?
　　 b. *Who do you wanna read it?

(67a)を見ると，語の並びとしては want to となっているが，これを wanna と縮約しない人がいる．なぜであろうか．ここでも who のもともとの位置が want to の間であったと仮定すると，want who to という並びとなり，このことが wanna

への縮約を阻害しているのではないかと思われるのである．もしそうであれば，ここでも Wh 句の移動が確証される．

このように，移動変形というものを考えることによって，言語事実に対して興味ある説明を与えることができるのである．

3.7　いくつかの変形

前節では Wh を移動する Wh 移動変形を紹介した．この節ではさらにいくつかの変形を紹介しよう．

(68) Mary is likely to eat too much.

(68) の文は (69) のような構造から派生されると考えられる．

(69) [[ ] is likely [Mary to eat too much]$_S$]$_S$

補文（complement clause）の主語である Mary が**主節**（matrix clause）の主語位置へ移動される．この変形は**上昇変形**（raising）と呼ばれる．

次に (70) をみよう．

(70) John is sick.

be 動詞は句構造上でどこに位置するのであろうか．be 動詞も動詞の一種であろうから D 構造では (71) のように VP に支配されているものと考えられる．

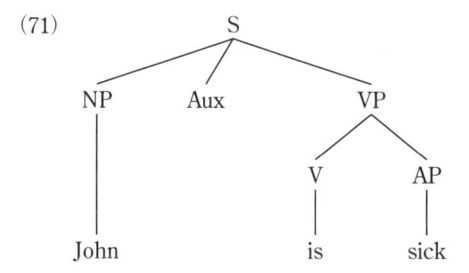

(71)

```
           S
       ┌───┼───┐
      NP  Aux  VP
       │       ┌┴┐
       │       V  AP
       │       │  │
      John    is sick
```

しかし，(71) の構造からは予測できない現象がある．(72) を考えてみよう．

(72) a. You can swim. → Can you swim?
　　 b. You may swim. → You may not swim.

(72a) は，平叙文から疑問文を作ったものであり，(72b) は肯定文から否定文を作ったものである．英語における yes/no 疑問文は，(72a) からわかるように，Aux を主語 NP の前に移動させることによって作られる．また，(72b) からわかるよ

うに，英語における否定文は not を Aux の直後に置くことによって作られる．この事実を念頭に置いて (73) をみてみよう．

(73) a. John is sick. → Is John sick?
b. John is sick. → John is not sick.

(73) の文から，be 動詞は，疑問文や否定文を作る段階では Aux 位置にあることがわかる．したがって，(71) の構造における be 動詞は，(74) のように，Aux に移動されることになる．この変形を **BE 上昇変形**（BE-raising）という．

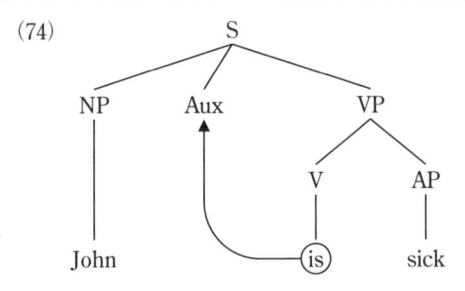

(74)

```
         S
    ┌────┼────┐
   NP   Aux   VP
    │    ↑   ┌─┴─┐
    │    │   V   AP
  John   │  (is)  │
         └───┘   sick
```

3.8 X バー統語論

3.8.1 句構造規則の精密化に向けて

今までわれわれが構築してきた文法では，**範疇**（category）は 2 つのタイプのみであった．

(75) a. **語彙範疇**（lexical category）：N, V, A, P, Det など
b. **句範疇**（phrasal category）：NP, VP, AP, PP など

しかし，語彙範疇と句範疇の中間的な範疇を設定しなければ説明が難しい現象がある．

(76) this very tall girl

今までの句構造規則からは，たとえば，次のような構造を (76) に対して与えることになるだろう．

3.8 Xバー統語論

(77)
```
         NP
       / |  \
     Det AP   N
         /\    |
       Deg A  girl
        |  |
      this very tall
```
(実際: Det=this, Deg=very, A=tall, N=girl)

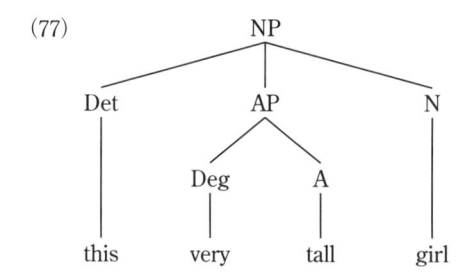

(77) の構造は，very tall girl が単一の構成素ではないと主張していることになる．これに関して，次の例をみてみよう．

(78) Mary is a [very pretty girl] and [very good cook].

(78) では 2 つの [ ] の部分が and で結ばれている．一般に英語における等位接続構造は (79) の形をしている．

(79)
```
      X
    / | \
   X and X
```

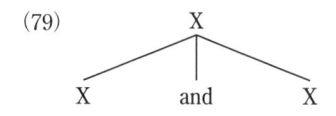

具体例を示そう．

(80) a. X = NP の場合： [[the man]$_{NP}$ and [the woman]$_{NP}$]$_{NP}$
b. X = VP の場合： [[go to the beach]$_{VP}$ and [relax in the sun]$_{VP}$]$_{VP}$
c. X = PP の場合： [[in the box]$_{PP}$ and [on the floor]$_{PP}$]$_{PP}$
d. X = AP の場合： [[very tired]$_{AP}$ and [very thirsty]$_{AP}$]$_{AP}$

等位構造の一般形が (79) であるとすれば，(78) もその形に合致しているはずである．そうであれば，very pretty girl も very good cook も単一の構成素のはずである．これは (77) の構造と矛盾する．このことから，(76) の構造は (81) のようなものであろうと推察できる．

(81)
```
        NP
       /  \
     Det   ?
      |   / \
     this AP  N
          /\  |
       very pretty girl
```

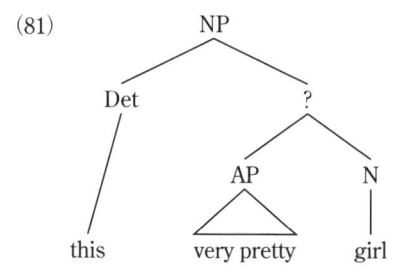

(81) で「?」をつけた範疇はどのようなものであろうか．this very pretty girl 全

体が NP であり，girl が N であることから考えて，very pretty girl は NP と N の中間の大きさの範疇であろう．これを N′（N プライム，もしくは，N バー）と記述すると，句構造規則は (82) のようになるだろう．

(82) a. NP → ⋯ N′ ⋯
b. N′ → ⋯ N ⋯

N′ という中間範疇によってうまく説明できる例をさらにみてみよう．

(83) the English king

(83) は次の 2 通りの解釈ができる．

(84) a. イギリス人の王
b. イギリス王

(84a) は，イギリス国籍をもつ王のことであり，実際にはフランス王かもしれない．それに対し，(84b) は，イギリスを統治している王のことであり，フランス人かもしれない．この相違を構造的に表す 1 つの方法は，句構造を次のように設定することである．

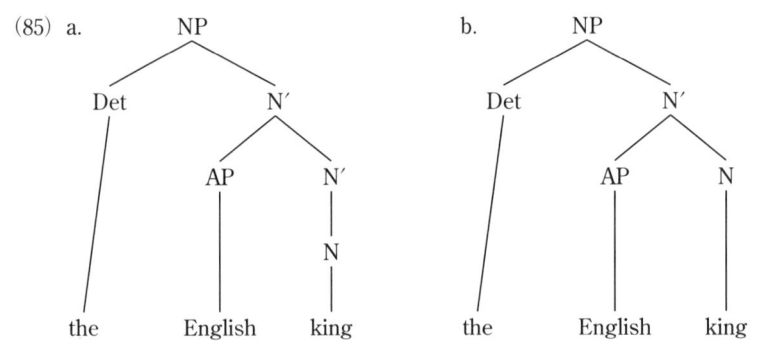

(85) a.
```
        NP
       /  \
     Det   N′
            /  \
           AP   N′
                |
                N
     |     |    |
    the English king
```
b.
```
        NP
       /  \
     Det   N′
            /  \
           AP   N
     |     |    |
    the English king
```

(85a) は (84a) の解釈に対応する構造であり，(85b) は (84b) の解釈に対応する構造である．われわれは，3.3.1 項で (30) の修飾の原則を設定した．

(30) 修飾の原則
AP はその姉妹 (sister) を修飾する．

この原理を (85) に当てはめると，(85a) では，English は $[[king]_N]_{N'}$ を修飾しており，(85b) では English は $[king]_N$ を修飾している．ここから観察できることは，(85a) では English は king という名詞と直接的関係をもたないのに対し，(85b) では English は king という名詞と直接関わっていることである ((85a) で，

AP は N と姉妹ではないことに注意). この直接的関係は, 動詞を下位範疇化する要素と動詞との関係と平行的であるように思われる. そのような視点で再度(85)の 2 つの句構造を眺めてみると, (85b) では, English という語が king の「目的語」のような役割を果たしていることに気づく. king は統治者であり, 統治されているのが England である. したがって, English は king によって統治されている被統治者 (国) を表している. これはちょうど次の文における rule という動詞とその目的語の関係と平行的であろう.

(86) The king rules his country with an iron hand in a velvet glove.

それに対して, (85a) では, English は king の属性を述べているにすぎない. したがって, (30) の修飾の原則は, AP の姉妹が N′ であるときだけに当てはまることになろう. AP の姉妹が N である場合は, 修飾というよりは, むしろ, その N に対して内在的な関係をもつように思われる (たとえば, king であれば, その重要な特性である「統治」の対象を表すという具合である).

(85) の 2 つの構造は, 代名詞 one を使うとその差異が浮き彫りにされる.

(87) I like the French king but not the <u>English one</u>.

(87) で one は king を代名詞化したものであるが, その場合, 下線部は「イギリス人の王」という解釈しかないと判断する話者がいる. それが正しい判断であるとすれば, その事実は (88) の仮定と (85) の句構造から帰結する.

(88) one は N′ の代用形である.

(85a) では king は N′ であるが, (85b) では N である. したがって, (85b) の構造で king が one に置き換わることができない.

同様のことが (89) についてもいえる.

(89) a. the student with long hair
　　　b. the student of physics

(89a) の PP は単なる修飾句であるのに対し, (89b) の PP は, 学生の本分である勉強・研究の対象を表している. このことから, (89a, b) の構造は (90a, b) のように考えることができる.

(90) a. [NP tree: Det "the", N' [N' [N "student"], PP "with long hair"]]   b. [NP tree: Det "the", N' [N "student", PP "of physics"]]

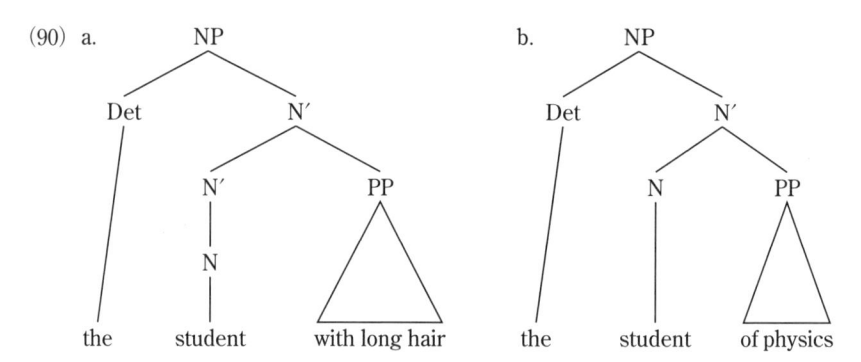

ここで one による代名詞化を適用してみよう．(90a) の句構造で student は N' であり，(90b) での student は N' ではないので，われわれは (91) の事実を正しく予測することができる．

(91) a. I like the student with short hair better than the one with long hair.
　　 b. *I like the student of chemistry better than the one of physics.

次の例も同様である．

(92) a. Jack met the king from England, and I met the one from France.
　　 b. *Jack met the king of England, and I met the one of France.

(Jackendoff 1977)

次に，with long hair と of physics が同時に生じた場合の順序はどのようになるだろうか．前者が N' の姉妹であり，後者が N の姉妹であるという条件を満たすように句構造を書いてみると，次のようになる．

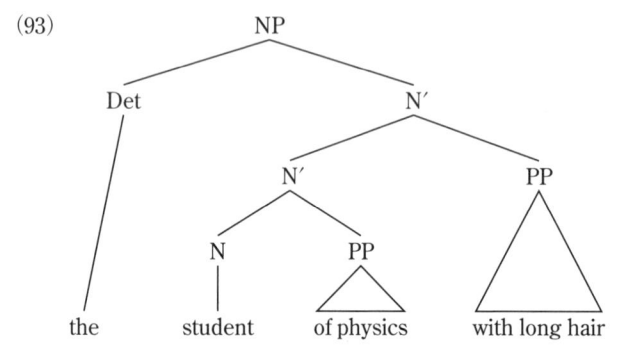

(93) [NP tree: Det "the", N' [N' [N "student", PP "of physics"], PP "with long hair"]]

このようにして得られる語順は正しいものである．逆の語順は許されない．

(94) a. the student of physics with long hair

    b. *the student with long hair of physics

したがって，提案されている句構造は支持を受ける．このことから，NP と N の中間に位置する範疇の存在も経験的証拠によって確証されることになる．

次に，異なる範疇間の平行性という現象に目を向けてみよう．V は多様な**補部** (complement) をとることができる．

(95) a. go [to the station]$_{PP}$
    b. claim [that Tom was in the wrong]$_S$

(95a) は動詞 go がその補部として PP をとっており，(95b) は動詞 claim が補部として S をとっているものである．同様の現象が N, A, P についてもみられる点に注目したい．

(96) a. criticism [of my book]$_{PP}$
    b. (the) claim [that Tom was in the wrong]$_S$
(97) a. afraid [of John]$_{PP}$
    b. afraid [that it will rain]$_S$
(98) a. from [under the table]$_{PP}$
    b. (My apartment is better than the old one) in [that it's closer to work]$_S$

このような異なる範疇間の類似性はどのように捉えたらいいだろうか．

最後に，次のような句構造規則は存在しないことに注目しよう．

(99) a. *VP → PP   NP
    b. *NP → AP   PP
    c. *PP → VP   S

(99) のようなタイプの規則が存在しないのは偶然ではなく必然である．いかなる人間言語にもこのようなタイプの規則は存在しないだろう．このような句構造規則は，何らかの原理によって排除されなければならない．

以上，われわれはこの節で次の観察をした．

(100) a. 語彙範疇と句範疇の中間に位置するような範疇が存在する．
    b. 異なる範疇間に構造の類似性が見られる．
    c. 原理的に排除されなければならない句構造規則が存在する．

この 3 点を一挙に解決する方策として **X バー統語論** (X′-syntax) が提唱された．その具体例の 1 つとして (101) の案がある (Jackendoff 1977)．

(101) a. X″ → Spec　X′
　　　b. X′ → X　Complement
　　　　(X = N, V, A, P, …)

(101) で，X′ の姉妹は X の**指定部**（specifier）と呼ばれ，X の姉妹は X の**補部**（complement）と呼ばれ，X 自体は XP の**主要部**（head）と呼ばれる．(101) で，たとえば，X=N とすると (102a) の構造が規定され，X=V とすると (102b) の構造が規定される．

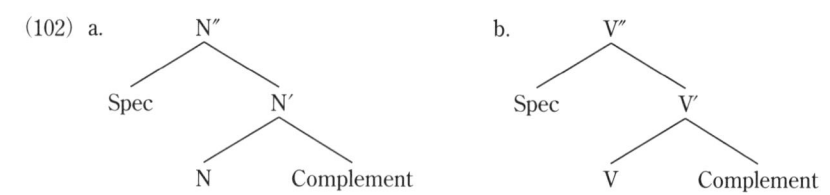

(102) a.
```
        N″
       /  \
     Spec   N′
           /  \
          N   Complement
```
b.
```
        V″
       /  \
     Spec   V′
           /  \
          V   Complement
```

(93) のような構造を作るためには，さらに (103) の形式をもつ規則が必要となる．

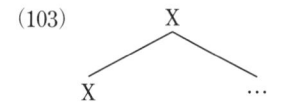

(103)
```
        X
       / \
      X   …
```

(103) の形式の構造は**付加**（adjunction）と呼ばれる．

3.8.2　S について

今までの句構造規則は S を始発記号としてきたが，次のような例は別の可能性を示唆する．

(104) They said that they were happy.

(104) の文の that は句構造のどの場所を占めているのだろうか．ブレスナンは，このような例に鑑み，(105) の句構造規則を提案した（Bresnan 1972）．

(105) S′ → COMP　S

COMP は**補文化辞**（complementizer）の略である．この節点の重要な証拠としては，補文化辞が動詞を下位範疇化するという事実がある．たとえば，imply という動詞は，目的語位置に that 節はとれるが for-to 節はとれない．

(106) a. They implied that their children were happy.
　　　b. *They implied for their children to be happy.

それに対し，manage はその逆の振る舞いを示す．

(107) a. *They managed that their children were happy.
　　　b. They managed for their children to be happy.

下位範疇化が D 構造の特性であるとすれば，補文化辞は D 構造になくてはならず，したがって，(105) の句構造が正当化される．

(105) はまた (108) の事実も説明することができる．

(108) *For that he refuses would not be surprising.

for も that と同じ補文化辞と考えると，(108) では 1 つの COMP 位置に 2 つの補文化辞が入っていることになり，それが (108) の非文法性を引き起こしているものであると考えられる．

さて，S の規則は X バーの一般形 (101) に合致していないことに注目しよう．S もその形式に合わせることができるであろうか．

1 つの考え方として，次のような提案がある．

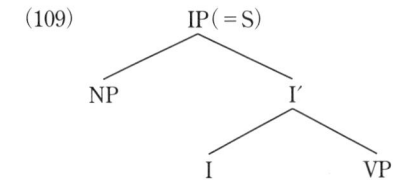

(109)
```
      IP(=S)
     /      \
    NP       I′
            /  \
           I    VP
```

この提案では，S に相当するものの主要部は I (inflection) であり，S は IP (Inflection Phrase) である．また，主語 NP は I の指定部であり，VP は I の補部である．これと同様に，(105) で導入された S′ の主要部は C (complementizer) とし，したがって，S′ を CP とする．

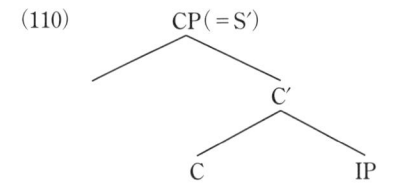

(110)
```
      CP(=S′)
         \
          C′
         /  \
        C    IP
```

このような枠組みのもとでは，たとえば，(111) の文の句構造 (S 構造) は (112) のようになる (詳細な構造は学者により異なるので，概略を示している)．

(111) Who did you tell which he would eat?

(112)

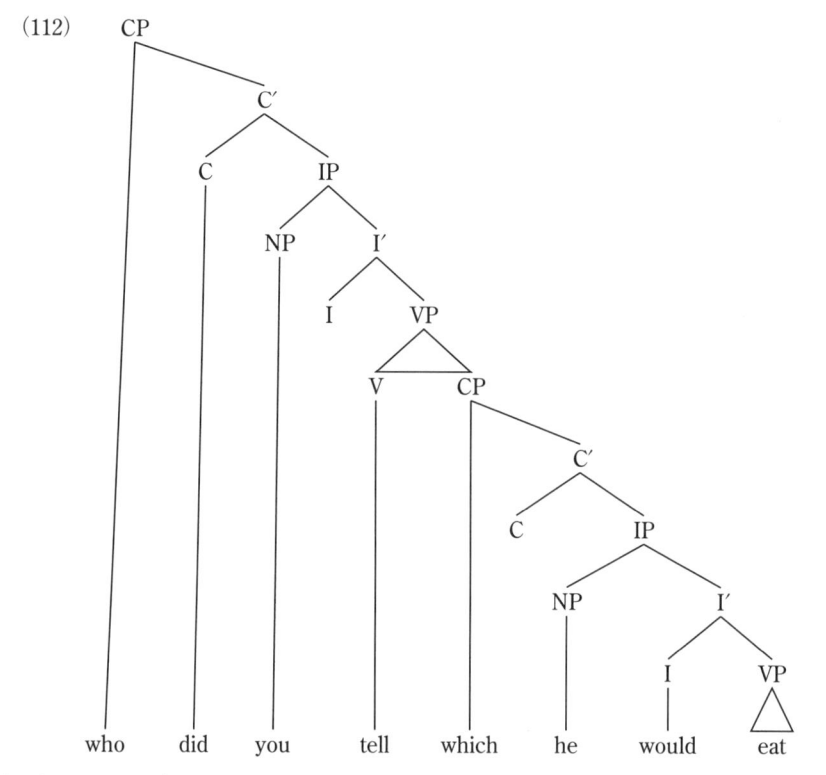

```
                    CP
                   /  \
                  /    C′
                 /    /  \
                /    C    IP
               /    |    /  \
              /    did  NP   I′
             /         |    /  \
            /         you  I    VP
           /                   /  \
          /                   V    CP
         /                    |   /  \
        /                   tell C′
       /                        /  \
      /                        C    IP
     /                         |   /  \
    /                       which NP   I′
   /                              |   /  \
  who                             he I    VP
                                     |    △
                                   would eat
```

(112) では Wh 句は CP の指定辞位置に入るものとされている．また，助動詞 do/did は，I から C へ移動している．一般に主要部からは主要部へしか移動できないとされ，この制約は**主要部移動制約**（head movement constraint）と呼ばれる．

3.9 まとめと展望

われわれは，簡単な文から文法構築を始め，さまざまな修正・変更を加えながら，次のような文法をもつに至った．

(113) a. X バー統語論（101）
 b. 変形
 c. 辞書

研究はできる限り一般化を求める方向に向いていることがわかるであろう．もち

ろん，言語学も科学理論であるから，一般化を求めるのは他の科学と同じである．しかし，それとともに，言語学における究極目標は，人間の言語能力の解明である．人間は短期間のうちに言語というきわめて複雑なシステムをほとんど何の努力もせずに作り上げてしまう．これは非常に不思議なことである．このような能力の背景には，どのような人間言語にも対処できるような一般的な仕組みが人間には備わっているに違いない．このような一般的仕組みを解明することこそ言語学の究極的な目標である．そのためには，個々の事象を個別的に規則化するのではなく，できるだけ一般的な原理から個々の事象を導き出す方向に研究が進むのは，言語学の目標から考えれば至極当然のことである．

たとえば，われわれの句構造規則は，当初は（114）であった．

(114) a. S → NP　Aux　VP
　　　b. VP → V　(NP)　(AdvP)　(PP)
　　　c. NP → (Det)　N
　　　d. AdvP → (Deg)　Adv
　　　e. PP → P　NP

しかし，これらの個別規則は一般化され，(115)のような一般形になった．

(115) a. X″ → Spec　X′
　　　b. X′ → X　Complement

(115)では，SpecとX′，XとComplementの間に順序があるように書かれており，英語ではその順序であるが，日本語では（116）の例からわかるように，XとComplementは英語と逆の順序である．

(116) 本を読む

したがって，(115)はさらに一般化・抽象化され，順序づけを捨象される．そうすると，変形の研究も同様の方向に向かうであろうことは容易に想像できる．たとえば，すべての変形を（117）のような一般形にする提案がそれである．

(117) Move α（任意の範疇を任意の場所に移動せよ）

(117)のような一般化は，当然さまざまな非文法的な文を大量に作り出してしまう．たとえば，次のような文である．

(118) a. *Who do you know [a boy who is working with ＿＿＿]?
　　　b. *What sofa will he put the chair between [some table and ＿＿＿]?
　　　c. *The woman who [that John loves ＿＿＿] is true came to see me.

> **コラム 6 ● 英語教育との関わり**
> 　英語教育では，いわゆる 5 文型というものが教えられるが，厳密にいえば，5 文型も 1 つの仮説であり，それがことばの構造を正しく捉えているかどうかは経験的に実証されなければならない（ただし，教育的に役立つのであれば，その限りにおいて意義はある）．第 3 章では，文法を科学理論として捉える必要性を詳述した．

　　　　d. *Who did John make a fortune [by cheating ____]?

(118) の [　] の部分からは要素を抜き出すことはできない（[　] の部分は「島」(island) と呼ばれる）．なぜ島からは要素を抜き出すことができないのであろうか．この問題は生成文法理論の当初からの問題であり，現在も大きな問題であり続けている．人間の言語能力の解明には，このような諸問題を一般的な形で解決することが必要なのである．

より深く勉強したい人のために

- Haegeman, Liliane and Jacqueline Guéron (1999) *English Grammar: A Generative Perspective*, Oxford: Basil Blackwell.
　　生成文法理論の基本的な考え方が豊富な資料とともに丁寧に解説されている．(初級者向き)
- Jackendoff, Ray (1977) *X′-Syntax: A Study of Phrase Structure*, Cambridge, Mass.: MIT Press.
　　X バー理論を，豊富な資料をもとに非常に詳細に記述したもの．理論と資料のバランスがよくとれている．(中級者向き)
- Chomsky, Noam (1995) *The Minimalist Program*, Cambridge, Mass.: MIT Press.
　　生成文法の最近の方向を決定づけた研究書．(上級者向き)

演習問題

1. (14) の句構造規則と (15) の辞書を使っていくつの文が作れるであろうか．
   (14) a. S → NP　Aux　VP
   　　b. VP → V　AdvP　PP
   　　c. AdvP → Deg　Adv
   　　d. PP → P　NP
   　　e. NP → Det　N

(15) this: Det,　　dog: N,　　will: Aux,　　walk: V,　　very: Deg
　　　slowly: Adv,　　to: P,　　that: Det,　　fox: N

2. (24) の句構造規則の（ ）を取り除くといくつの句構造規則に展開できるか．
(24) VP → V (NP) (AdvP) (PP)

3. 設問に答えなさい．
1) 次の束縛理論に基づいて（i）～（viii）の文法性を予測しなさい．下線部は同一人物を指すものとする．
　a. 束縛理論（A）：再帰代名詞と相互代名詞は，それを支配している最小のSかNP内において，同一指示物を表すNPによってc統御（c-command）されていなければならない．
　b. 束縛理論（B）：代名詞は，それを支配している最小のSかNP内において，同一指示物を表すNPによってc統御されていてはならない．
　c. 束縛理論（C）：再帰代名詞，相互代名詞，代名詞以外の名詞句は，同一指示物を表すNPによってc統御されていてはならない．
　（i）　<u>John</u> criticized <u>John</u>.
　（ii）　<u>John</u> thinks <u>John</u> is smart.
　（iii）　<u>John</u>'s mother thinks <u>John</u> is smart.
　　　　（John's mother の構造を [[John's]$_{NP}$ mother]$_{NP}$ と仮定しなさい）
　（iv）　<u>They</u> believe <u>each other</u> is smart.
　（v）　John saw <u>Mary</u>'s picture of <u>herself</u>.
　（vi）　<u>John</u>'s mother hates <u>himself</u>.
　（vii）　<u>His</u> mother loves <u>John</u>.
　　　　（his mother の構造を [[his]$_{NP}$ mother]$_{NP}$ と仮定しなさい）
　（viii）　<u>Each other</u> hates <u>each other</u>.
2)（ix）の文が文法的であることは上の束縛理論にとって問題となる．なぜか．
　（ix）　<u>Mary</u> saw a picture of <u>herself</u>.

文献

Bresnan, Joan Wanda (1972) *Theory of Complementation in English Syntax*, Ph.D. dissertation, MIT.
Chomsky, Noam (1965) *Aspects of the Theory of Syntax*, Cambridge, MA: MIT Press.
Ernst, Thomas (2002) *The Syntax of Adjuncts*, Cambridge: Cambridge University Press.
Jackendoff, Ray (1977) *X'-Syntax: A Study of Phrase Structure*, Cambridge, MA: MIT Press.

第4章 文の意味について
—意味論—

早瀬 尚子

　意味とは，私たちがことばを使うことで表し伝える内容のことである．意味はそれぞれの言語表現に対応して存在するので，表現と意味の対応づけを知っていれば，適切な言語表現を選ぶことで，正しく意味を伝えることができるはずである．

　しかし私たちは，自分の伝えたい内容だけをつねに相手に伝えているわけではない．相手に伝えたい内容とは違う意味が伝わってしまうこともあるし，伝えたいとこちらが思っていたものではないのに，意識せず伝わってしまう意味もある．また同じことをいったのに，状況によって違ったように受け取られたり，違うことばを用いたのに同じ意味と受け取られたりすることもある．なぜこのようなことが起きるのだろうか．

　本章では，言語学の中の1分野である**意味論**（semantics）について概説する．意味論では，語句や文が表す複数の意味どうしの関係や，別の語句・文との意味関係について考える．また，ことばは人間が使用するものであり，その意味も使用者である私たちの役割を抜きにしては語れないものなので，意味と使用者との関係についても触れたい．

4.1 語と語の意味関係

4.1.1 同義性

似たような意味を表す言語表現を**同義表現**（synonym）という．以下にみるように，同義表現は語であったり文であったりする．これらは一般に同じ意味を表すと扱われる．

(1) a. say vs. speak
　　b. lazy vs. laid back
　　c. John gave Mary a book. vs. John gave a book to Mary.
　　d. I found Bill a nuisance. vs. I found that Bill was a nuisance.

しかし，これらは本当に同じ意味を表すのだろうか．用いられ方に違いはないのだろうか．同じ意味ならば，なぜ複数の表現が存在するのだろうか．

この「同義（同義性，synonymy）」をめぐっては大きく2つの立場がある．1つは，いずれも表す状況が同じなので同義だ，とする立場であり，これを**客観主義的意味観**（objectivism）と呼ぶ．もう1つは，状況は同じであっても，その捉え方が異なるので同義ではない，とする立場であり，これを**認知主義的意味観**（cognitivism）と呼ぶ．

客観主義的意味観は，長らく言語学の世界で君臨してきた考え方で，語や文の意味を，現実世界における指示対象だとみなす．たとえばSusanがthe long-haired girlと同一人物を指す場合，次の2文は客観的に同じ状況を表すので，同義だとみなすことになる．

(2) a. John wants to marry the long-haired girl.
    b. John wants to marry Susan.

しかし，同一のものを指示するからといって，同義だといいきれる例ばかりではない．たとえば，「明けの明星（the morning star）」と「宵の明星（the evening star）」は，同一物である金星を指す別の表現だが，だからといって，2つの語を入れかえることはできない．

(3) a. 夜明けに明けの明星をみた．(I saw the morning star in the dawn.)
    b. *夜明けに宵の明星をみた．(*I saw the evening star in the dawn.)

宵の明星は夕刻にみえるものなので，(3b)は意味としておかしい．つまり，2文はまったく別の状況を表しており，単純に交換可能な同義とはいえないのである．

客観的には同じものを指していても，言語表現が異なると捉え方が異なる．つまり，言語表現は捉え方を反映するものなのだ．この発想が認知主義的意味観のもとになっている．

4.1.2 反義語

同じ意味を表す同義表現に対し，反対，逆の意味を表す語を**反義語**（antonym）という．この「反対，逆（antonymy）」をどの意味で捉えるかによって，大きく3通りの反義関係が存在する．1つは**矛盾**（contradictory）と呼ばれる関係で，alive/deadやodd/even，既婚・未婚や合格・不合格などがこれに当たる．2者間には中間のグレーゾーンが存在せず，片方を否定すると必ずもう片方の値が返っ

てくる二律背反的なもの (4) で，両者は両立しない (5)．

(4) a. He is alive.（＝He is not dead.）
    b. 彼は合格した．（＝不合格ではなかった）
(5) a. *My pet was dead but luckily it's still alive.
    b. *私は去年の入試で合格になったが，不運にも不合格になった．

2つめは**反対**（contrary）と呼ばれる関係で，例は interesting/boring, happy/unhappy, hot/cold, 近い/遠い，高い/低いなどである．こちらは矛盾関係とは異なり，2者の間に中間値が存在する程度表現なので，片方の否定がそのままもう片方の意味にはならない．

(6) a. He is not happy but not unhappy.
    b. 彼は背が高くもないが低くもない．

もう1つは**相互的反義**（reverse）と呼ばれる関係である．この関係が成立するには，2者間の方向的・空間的位置づけがそのベースとして必要であり，その中で対が作り上げられるという特徴がある．たとえば，above/below（上/下），in/out（中/外），push/pull（押す/引く），ascend/descend（上がる/降りる）は，前提とされる関係の方向性が互いに逆になっている．また，ancestor/descendant（先祖/子孫），parents/children（親/子），teacher/student（先生/生徒）などは，互いの存在を前提として自らを規定しあう関係にある．子がいなければ親は成立しないし，その逆に親がいるので子が成立する．「生徒」がいるから「先生」が成立するし，またその逆も真である．このように，相互的反義は互いに依存的であり，片方だけでは成り立たないのである．

4.1.3 反義性と文脈

客観主義的意味観では，反義性が客観的な関係に基づく固定的なもので，どんな場合にも変化しないと考えてきた．しかし，実はいずれのタイプの反義でも，程度の差こそあれ，想定される文脈における基準に基づいて成立する，流動的なものである．たとえば相互的反義では，基準を変えることで1つの語が別の語と反義関係をもつことがある．go-come（行く-来る）は話者を基点として，そこから離れていくかそこへ近づいていくかに基づく対であるのに対し，go-return（行く-戻る）は出発地点を基点としてそこから離れるか近づくかに基づく対をなしている．

反対関係とされる hot/cold（暑い/寒い）も，ある文脈の下では反義性を保持できなくなる．

(7) a. Monday is hotter than Tuesday.（月曜日は火曜日より暑かった）
    b. Tuesday is colder than Monday.（火曜日は月曜日より寒かった）

hot/cold（暑い/寒い）は反対関係にあるため，(7a)(7b) はつねに成立するはずである．しかし実際には，(7a) は両日ともに暑かった場合，(7b) は寒かった場合でなければ，不適切になる．語レベルで反義でも，文レベルに埋め込まれると厳密な反義関係とはならなくなるのである．

さらに，bachelor（独身男性）と spinster（独身女性）とは互いに相容れない性別の差ゆえに矛盾関係の対をなすはずだが，これらの語を用いた (8) の文の容認性は異なる．

(8) a. Mary is seeking for an eligible bachelor.
    b. *Bill is seeking for an eligible spinster.　　　　　　　　（Lakoff 1974）

結婚相手として「独身男性を探す」のは問題なく理解されるのに，「独身女性を捜す」のはなぜおかしいと判断されるのか．それは「独身」の意味が，男女で異なっていることに起因する．Spinster の表す「独身」の意味は，「結婚せずに適齢期を過ぎた」ということであり（Lakoff 1974），bachelor の表す「独身」とは違う．つまり，性別という尺度に照らせば bachelor/spinster は確かに反義語だが，文レベルで使用されると婚姻文化での価値観という別の尺度が入り，結果として両者は厳密には反義関係をなさないことになる．

同じことが日本語でも当てはまる．次のペアは性別を尺度とした相互的反義関係である妻/夫，母/父を含んだ表現であり，その表現の指示対象も外界には存在するが，実際には男性に対応する反義表現は存在しない．

(9) a. 人妻 vs. *人夫　　b. 賢母 vs. *賢父

この差の理由は，妻/夫，母/父が，性別では対をなしていても家族・婚姻文化という尺度では単純な対応関係にはなく，それぞれに期待される役割や性質が異なっているからと考えられる．

このように，語の意味関係を規定するにも，客観主義的意味観が主張するような，外界に直接対応づけて考えられるものばかりではない．場面を人間がどう設定しているかによって反義の関係がゆらぐこともある．認知主義意味観では，わ

れわれがどう捉えるかが意味に大きく影響すると考えるので，このようなゆらぎ
があっても当然なのである．

4.1.4 含 意

ある語Aが成立すれば必ずある語Bが成立するとき，**AはBを含意する**(A→B)
といい，これの関係を（意味論的）**含意**（entailment）と呼ぶ．この場合，Bの意
味はAの意味の中に含まれる．たとえば「父（father）」は男親（male parent）の
ことを表すので，父といえば必ず親（parent）であることが意味的に成立する．こ
のとき「父」は「親」を含意する（「父」→「親」）といえる．一方「親」は「父」
を含意するとはいえず，逆は成り立たない．

　語レベルの含意は文レベルにも引きつがれる．たとえば，英語で次に挙げる動
詞を用いると，その動詞で表される事態のもたらす結果状態がきちんと最後まで
達成されることが含意される．

(10) a. He killed the mosquito.（含意：The mosquito died.）
　　 b. I burned the garbage.（含意：The garbage burned.）
　　 c. He persuaded Mary to take the examination.
　　　　（含意：He succeeded the persuasion: Mary took the exam.）

英語では kill が die を，burn（燃やす）が burn（燃える）を，persuade は説得し
て to 以下が実行されることを，それぞれ意味に含む．その証拠に，その含意を否
定はできない．

(11) a. *He killed the mosquito, but it didn't die.
　　 b. *I burned the garbage, but it didn't burn.
　　 c. *He persuaded Mary to take the exam, but she didn't take it.

しかし結果状態の含意が成立するか否かには，言語により差がある．日本語の一
般的傾向として，事態の結果の達成という含意は必ずしも成立せず，多くはキャ
ンセル可能である（池上 1980）．

(12) a. #蚊を殺したけど死ななかった．
　　 b. 燃やしたけど，燃えなかった．
　　 c. 試験を受けるよう説得したけど説得できなかった．　　　　(cf. (11))

この差がみられる理由は「動作を行う主体の影響力が，英語は全般に強く理解さ
れるのに対し，日本語では弱く見積もられる」からではないかと考えられている

(cf. 池上 1980). つまり, 含意関係は単語レベルで決定されるというよりも, 文レベル, 言語レベルといった, それが用いられる文脈状況を含めた全体的な場で決定される側面が大きいのである.

このように, 事態の含意は語と語の関係として客観的論理的に完全に決定されるわけではなく, その語の使用状況や言語によって, 異なりうる. 語と語の間の意味の関係についてはこれまで客観主義的意味観での研究がおもに進められてきたが, 認知主義的意味観が主張するような, 捉え方による揺れの現象も見逃すことはできないのである.

4.2 語の内部の意味関係

4.2.1 意味のカテゴリーとプロトタイプ

1つの言語表現が表す意味は, 現実には複数のメンバーから成り立っている. たとえば, 「椅子」という語が意味するものは, 実際にはソファ, 肘掛け椅子, 丸椅子, パイプ椅子, ロッキングチェア, 座椅子などさまざまである. このように, ある語が指し示せるメンバーの範囲を, その語の**意味カテゴリー**（semantic category）という.

また, 言語表現が指し示すものの中にも, 多くの人と共有され, すぐに想起されやすいものと, 限られた状況のもとで限られた人たちだけに共有されるものとがある. 前者はカテゴリーの**プロトタイプ**（prototype）と呼ばれる中心メンバーで, 後者は周辺メンバーである. 例えば「彼女は椅子に座っていた」という文をみてまず想起するのは, ソファや肘掛け椅子に代表されるプロトタイプ的な椅子であろう. 介護椅子や電気椅子は周辺メンバーのため, 特別に文脈がなければ候補に上がりにくい. このように, 語が表す意味カテゴリーは一様なものではなく, より「椅子らしさ」に関して程度差がみられるのである.

また, この椅子の意味カテゴリーの境界も文脈状況によって変化しうる.

(13) a. (渓流の平らな岩の上に腰掛けて)「ああ, これはちょうどよい椅子だわ」
　　 b. (バランスボールに座って)「ちょっとこの椅子は低すぎるね」

石と椅子, バランスボールと椅子とは, それぞれまったく別のカテゴリーを形成する語のはずである. なのに, この文では石やバランスボールを椅子と表現している. つまり, 客観的には石やボールにカテゴリー化されるはずのものが, 一

時的に椅子のカテゴリーに組み込まれている．このように，語の意味のカテゴリーの範囲は文脈に応じて変わりうるのである．

また，語の意味カテゴリーがもつプロトタイプも一定ではなく変わりうる．

(14) mail ＞ surface mail
　　　　　＞ airmail　　　＞ snail mail
　　　　　　　　　　　　　＞ e-mail　　　　　　　（Radden and Dirven 2008）

mail という語は当初「地上便」をおもに指していたが，時代が下ると「航空便 (air mail)」をプロトタイプとして指すようになり，今では電子メール (e-mail) の意味が普通である．つまり歴史的文化的文脈が変わったことで mail のカテゴリー範囲もプロトタイプも変化したのである．

このように，意味のカテゴリーの境界もその内部の構成も，文脈や状況という外部要因によって変わる．それは，意味がわれわれの捉え方を反映しているからに他ならないのである．

4.2.2　単義か多義か

1つの語が表す複数の意味のカテゴリーをどう捉えるかについて，意味論的には大きく2つの立場が認められる．**単義** (monosemy) あるいは**多義** (polysemy) とみなす立場である．

単義説では，1つの形式にはただ1つの中核的な意味が結びつくとみなし，その他の複数の語義はその中核的意味の文脈上での変種だと考える．たとえば over の中核的意味を「上方」だと述べておけば，その他の意味は具体的状況に即してその都度推論で導き出せばよく，簡潔かつ効率的な記述や学習が可能となる．

しかしこの説の欠点は，状況からつねに推論が可能な意味ばかりではないことである．次の over の意味をすべて推論で導き出せるようなコアの意味を探すのは難しい．

(15) a. Love is over.（愛が終わった）
　　 b. The pole fell over.（ポールが倒れた）

またこれらすべての事例を網羅できる共通した意味を得るためには，抽象度の高すぎる意味規定を余儀なくされ，語によっては実質的な内容をもたない意味規定となるので，実際の運用が難しいことも欠点である．

一方多義説では，1つの形式に対応する複数の意味が，独立にではなく互いに

4.2 語の内部の意味関係

関連し合っていると想定する．

(16) a. The plane is flying over the mountain.（飛行機が山の上を飛んでいる）
　　 b. He walked over the mountain.（彼は山を越えて歩いていった）
　　 c. He lives over the mountain.（彼は山の向こう側に住んでいる）

(16a)の飛行機は山の「上方」を飛んでいる（図1a）．(16b)の彼は山に接触しながらその片側からその反対側へと移動しており，「上方」という意味だけでは必ずしも捉えきれない意味を表す（図1b）．さらには，(16c)の彼は山の「向こう側」に住んでいることになり，「上方」という意味はどこにもみあたらない．しかし山の「向こう側」だと認識するためには，この文を発話した人が山の「こちら側」にいなければならないことになる．つまり，話者は山の「こちら側」にいて，彼はその山を越えていった先の平地に住んでいる，という，静的状況を表す表現だとわかる（図4.1）．このような，実際には客観的に移動するものがないのに，心理的に視線等を移動させることを，**虚構移動**（fictive motion）と呼ぶ．

(16a)と(16c)のoverの意味は，一見まったく関連性がないように思える．単義説が主張する，すべてに共通する意味を抽出することは難しい．しかしよく考えると，(16a)と(16b)とは「上方」を通過するという点で類似しており，また(16b)と(16c)のoverとは，実際に動く人が存在するか，視線だけがたどられていくかの違い以外は類似している．つまり，多義説に基づけば両用法は，中間的な(16b)を橋渡しとして関連づけられることになる．

多義説にも欠点がある．それは，どの程度の意味の違いを「異なる語義」と認定するかという基準が明確に定まっていないため，分析次第でいくらでも語義が増えてしまうことである．最近の試みとして，文脈や推論で導くことのできない意味だけを「異なる意義」と認定するべきだとして，単義説と多義説の中庸を目指す流れがみられる（Tyler and Evans 2003）．

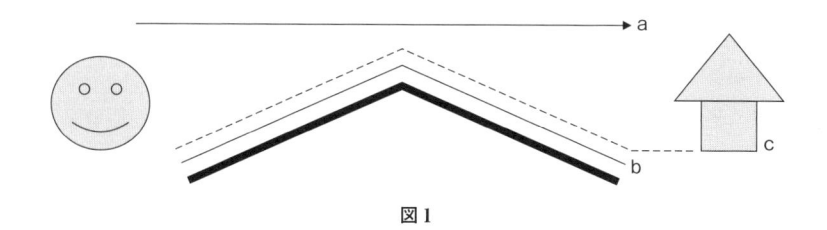

図1

4.2.3 メトニミーと語の意味拡張

語の意味が拡がっていく現象には，**メトニミー**（metonymy）という比喩のプロセスが関わる．メトニミーは，ある存在物 A を利用し，それと近い関係にある別の存在物 B を指し示す操作で，次のような例がある．

(17) a. 茶髪が文句を言ってきた（部分-全体）
　　 b. ポルシェが割り込んできた（容器-中身）
　　 c. 赤ずきん（着衣-本人）
　　 d. 「村上春樹」を読む（作者-作品）
　　 e. 筆をとる・置く（行為の一部-行為全体）

人物の一部分である頭髪の様子でその全体としての人物を指したり，車全体で中の運転手を指したり，服でそれを着ている人物を指したり，作者名でその人の書いた本を指したりする．また，手紙などを書く行為全体を，その始まり（筆をとる）や終わり（筆を置く）などの一部分で表したりする．いずれも，本来指し示したいものと言語表現との間にずれがあるが，私たちは認知的な推論を働かせてこのずれを簡単に埋めて理解することができるし，そのずれの理解を利用して新しい表現を作り出すこともできる．

このメトニミーは，1つの語に複数の意味が結びつく多義を生み出す．たとえば動詞「沸かす」は複数の目的語をとりうる．

(18) a. 水を沸かす　　b. やかんを沸かす　　c. お茶を沸かす

この現象は「沸かす」という一連の行為での焦点の当て方の違いで説明できる．まず「沸かす」行為には A. 沸かす液体，B. 液体の容器，C. 結果として得られるもの（結果の目的語）の3つが想定され，それらをもとに〈液体を容器に入れて熱する〉という行為全体が形成される．本来「沸かす」直接の対象は水だが，そこからずらして「お湯（行為の一部としての結果）」や「やかん（中身に対する容器）」へと焦点を移すことで，目的語の選択が異なってくるのである．ここでは部分-全体のメトニミーが関わるとみることができよう．このように，メトニミーによって同じ語に複数の意味が結びつくことが理解できる．

他にも複数の意味どうしの関係にメトニミーが関わる例がある．英語の動詞 look は同じ形式で他動詞用法と自動詞用法をもち，それぞれ意味が異なる．

(19) a. Bill looked at Mary.（メアリーを見た）
　　 b. Mary looked tired.（疲れているように見えた）

図2

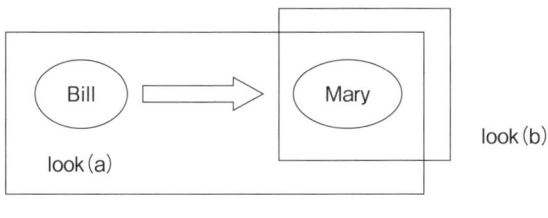

この2つの用法にもメトニミーに基づく関連がみられる．まずメアリーを見るという知覚行為があり，その結果として疲れているように見えるわけなので，図2に示したように事態全体を表すか（19a），その一部を表すか（19b）の違いと捉えられる．

さらに，メトニミーによって品詞が変わる事例もある．英語には**転換**（conversion）といって，同じ語形のままで異なる品詞として用いられる語形成の現象がある．

(20) a. to hammer the nail（釘をハンマーで叩く）
　　 b. to mop the floor（床をモップで拭く）
　　 c. to bank our money（お金を銀行に預ける）
　　 d. to shelve the books（本を棚に置く・棚置きする）

これらの動詞はすべて，行為の一部を用いて全体的行為を示している．釘を叩く，床を拭く行為の中で用いられる道具や，預けたり置いたりする行為の目的となる場所など，事態全体の中のある一部分だけを指し示すことで，全体の行為を表す．いずれももともと名詞だった表現が動詞的に用いられた事例で，メトニミー操作による用法の拡張がみられるのである．

4.2.4 メタファーと語彙の意味・用法拡張

複数の意味を関連づける比喩のプロセスには，もう1つ**メタファー**（metaphor）が存在する．メタファーとは，あるものごとAを表現するのに，それと似ている別のものごとBを用いて述べることである．

(21) a. I'm almost over you.（ほとんどあなたのことは忘れた）
　　 b. He overcame the sickness.（病気を克服した・乗り越えた）

(21a)は失恋を乗り越えたという意味であり，空間的に相手の上方にいるわけで

はないが，恋愛感情の影響を制する心理的関係を，空間的上方関係になぞらえている．また (21b) も，病気という身体的状況を克服する状況を，空間的上方関係にたとえている．いずれも，空間的上方という本来の意味とは違うものにたとえていることから，この「乗り越える・克服する」という over の意味は，空間的な over からメタファーによって得られる拡張用法と説明できる．

日本語にもメタファーに基づく多義の例がある．

(22) a. 2 階から 1 階に<u>落ちた</u>．
　　 b. 幸せの絶頂から不幸のどん底に<u>落ちた</u>．

「落ちる」は (22a) にみるように空間的な位置変化を表す動詞だが，それが (22b) では心理的な状態の変化を表すのに転用されている．これもメタファーによる語の意味拡張の例といえる．

4.2.5　日英の語彙化パターンの違い

前節では虚構移動，メタファー，メトニミーなどによる語義拡張の例をみたが，実は，日本語と英語とではこれらの認知操作を適用する語の品詞が異なっている．

(23) a. He walked <u>over</u> the mountain. （彼は山を<u>越えて</u>歩いていった）（= (16b)）
　　 b. He lives <u>over</u> the mountain.（彼は山を<u>越えた</u>ところに住んでいる）（= (16c)）
　　 c. He <u>over</u>came the sickness. （病気を乗り<u>越えた</u>・<u>越えてきた</u>）（= (21b)）

英語ではいずれも over という経路（path：道すじ）に相当する意味要素を，前置詞もしくは動詞の接頭辞として用いているが，日本語では「越える」という動詞に対応させている．他に経路を動詞で表している例は次の通りである．

(24) a. He lives <u>across</u> the river. （彼は川向こうに・川を<u>渡った</u>ところに住んでいる）
　　 b. His house is <u>through</u> the woods. （彼の家は森を<u>抜けた</u>ところにある）
　　 c. Her idea is <u>beyond</u> my understanding. （彼の考えは私の理解を<u>超えている</u>）

このように，経路を表すのに英語では動詞以外の要素（おもに前置詞）を用いる傾向が，日本語では動詞を補って用いる傾向がみられる．

日本語が動詞要素を補う傾向は，メトニミー的拡張である転換現象でも観察される．

(25) a. bang the door. （ドアを<u>バタン</u>と閉める）
　　 b. to oink/meow （(豚が)　<u>ブーブー</u>と / (猫が)　<u>ミャー</u>と鳴く）
　　 c. to laugh/grin/chuckle （<u>ワハハと / にこっと / くすくす　笑う</u>）

英語は，バタン，ブーブーなどの様態情報を担う擬音語・擬態語（オノマトペ）に相当する語を，そのまま動詞に転換して使っているのに対し，日本語では新しい動詞「閉める」「鳴く」「笑う」を，オノマトペとは別に補って表現しなければならない．

この動詞を補う傾向は，次の例のように，手段や場所の情報を担う語の場合も同じである．英語ではそのまま動詞転換が可能だが，日本語では動詞要素を補う必要がある．

(26) a. to hammer the nail（釘をハンマーで叩く）
b. to mop the floor（床をモップで拭く）
c. to bank our money（お金を銀行に預ける）
d. to shelve the books（本を棚に置く・棚置きする）（＝(20)）

「叩く」「拭く」という動詞要素に相当する意味は，英語の表現にはどこにも明示化されていないが，意味の中に含まれている．英語は，様態情報をそのまま動詞に含めることができるが，日本語は様態情報を動詞とは別に表現しなければならず，ここでも動詞が別に必要となってくるのである（Talmy 2000 などを参照のこと）．

4.3 語の意味と背景知識

4.3.1 フレーム

語の意味を理解するためには，語の辞書的な定義だけでは十分ではなく，その背景的な理解が必要である．たとえば，「スローイン」はボールを手で投げ入れるプレーだが，これをまったく知らない人に理解してもらうためには，まずどのスポーツで行うプレーなのか，どんな状況でどんな目的でどのように投げ入れるのか等を総合的に提示しなければならない．あるいは「斎王」ということばを外国人に理解してもらうためには，日本の歴史文化や「穢れ」等の概念などにも触れる必要が出てくるので，かなり説明が大変になる．

また本章でこれまでにも背景的な理解が必要な事象をいくつかみてきた．たとえば「{水を/お湯を/やかんを} 沸かす」の用法をメトニミーで説明する際に，〈液体を容器に入れて熱する〉という「沸かす」行為の全体的な背景知識が必要だし，(20) の転換動詞の成り立ちを理解する際にも，その語を用いて通常行われる行為

全体の知識が要求される．このように，ある事象を理解するために必要となる背景や状況に関する知識のことを，**フレーム**（frame）と呼ぶ．客観主義的意味観ではあまり重視されることがなかったが，ここまで見てきたように，このフレームなしでは正しい言語理解には近づけないのである．

　フレームは，類義語の意味の区別をするのにも重要な役割を果たす．認知意味論という立場では，言語形式が異なれば，それは必ず何らかの意味の違いを反映していると考える．指し示している事象が同じであっても，その事象を理解する背景や状況，つまりフレームが異なれば，その語が伝える意味合いはまったく異なる．次の例をみてみよう．

(27) a. stingy vs. thrifty
　　 b. lazy vs. laid back （＝(1b)）

いずれも類義表現だが，その用法を丁寧にみると，それぞれ前提となる背景知識が異なるとわかる．たとえば，He is stingy は決して褒めことばにはならない．一方 He is thrifty は好感のもてる表現となる．どちらも「お金を積極的には支払わない」ことを表す点では同じだが，stingy は「お金を出すべきときに」出さないのであり，一方，thrifty は「お金を不必要には」出さない．つまり，フレームが異なっているのである．また，(27) はいずれも何もしないでいる状態を表しているが，それが「何かしなければならないとき」の状態である lazy には否定的ニュアンスがある一方で，「有事の際に不要なことをせずゆったり構え」ている状態を表す laid back には肯定的ニュアンスがつきまとう．いずれも，異なったフレームが適用されることで違いが出てきているのである．

　また，同一フレームでも焦点化される部分が異なるため，意味が変わる場合もある．英語の rob, steal はどちらも窃盗行為を表すが，直接目的語として何をとるかが異なる．

(28) a. He robbed the rich (of their money).
　　 b. He stole money (from the rich). 　　　　　　　　　　(Goldberg 1995)

これを図式化すると，以下のようになる．

　　rob：〈盗むヒト　盗まれるモノ　盗まれるヒト〉
　　steal：〈盗むヒト　盗まれるモノ　盗まれるヒト〉

〈盗み〉のフレームには，盗むヒト，盗まれるモノ，盗まれるヒトの3者が必ず関わるが，この3者のうちどれに注目を払うのかが，図示したように rob と steal で

異なる．Rob では直接目的語として「盗まれるヒト」を直接目的語として選択するのに対し，steal では「盗まれるモノ」を選択する．つまり，同じ〈盗み〉でも，ヒトに着目するか，モノに着目するかの違いがみられるのである．それゆえ，rob の方が steal よりも相手に打撃を与える深刻な意味合いを強くもつことが説明できるのである．

また，英語の speak, talk, say, tell は，いずれも発話を表す動詞だが，動詞に続くどの要素が不可欠であるかが異なる．これらの動詞の意味の違いは，発話というフレームを想定することで説明できる．通常，発話フレームには話者と発話内容と聴者が存在するが，その3者のうちにどれに注目を払うのかが，それぞれの動詞で異なっている．

(29) a. Can I speak slowly (to him) (about the meeting)?　〈話者　内容　聴者〉
　　 b. Can I talk to him (about the meeting)?　　　　　　〈話者　内容　**聴者**〉
　　 c. Can I say (to him) something about the meeting?　〈話者　**内容**　聴者〉
　　 d. Can I tell him something about the meeting?　　　〈話者　**内容**　**聴者**〉

同じことが日本語にも当てはまる．「もてなす」と「ふるまう」という，客を招く場面で用いられる類義の動詞の違いは，以下に示す同一フレームにおける焦点の当て方の違いで説明できる（宮島 (1972: 325), 深田・仲本 (2008: 247)）．

(30) a. {先生をお酒で/*先生にお酒を} もてなす　〈**主人**　客人　物品〉
　　 b. {*先生をお酒で/先生にお酒を} ふるまう　〈**主人**　客人　**物品**〉

これらの例から，言語の意味というのは言語内的な知識だけでは決められず，背景的な知識も含めて決まっていくものだとわかる．

4.3.2　構文の意味とフレーム

フレームの一部を焦点化したものが語の意味として理解されることをみてきたが，場合によってはそれが文形式レベルの意味に対応づけられることがある．

(31) a. Bees are swarming in the garden.
　　 b. The garden is swarming with bees.
(32) a. Mary sprayed paint on the wall.
　　 b. Mary sprayed the wall with paint.

(a) と (b) とは，それぞれ書き換えが成立する同義表現に思われる．しかし実際には形式の違いに伴い意味が異なる．いずれの例もフレームとして〈移動物〉と

〈場所〉（に加えて他動詞の場合には〈動作主〉）を必要としているが，(b) 文では (a) とは異なり，形式的には事態の生じる場所が主語もしくは目的語に選ばれている．また，意味的にも，対象物が全体的に覆われている解釈が強く得られる点で共通している（庭が覆われるほどハチだらけ・壁がすべてペンキで塗られている）という解釈である．つまり，個々の動詞の意味を越えた，同じ統語形式に共通する意味を次のような形で見出せる．

(33) a. 〈(動作主)　移動物　場所〉
b. 〈(動作主)　移動物　場所〉＋〈全体的解釈〉

(33b) の全体解釈は (31b) (32b) の形式に結びついたものであり，これを**構文の意味**（constructional meaning）と呼ぶ．

他にも，構文の意味の違いを見出すことができる類似表現の例がある．1つは二重目的語構文である．学校文法では第4文型（SVOO）と分類されるものであり，第3文型（SVO to/for ～）との対応づけがよくなされる．たとえば高校生向けの参考書である『総合英語フォレスト』（第6版, p.43）では，次の2つの文は「本質的な意味は変わらない」と述べている．

(34) a. My uncle gave his watch to me.
b. My uncle gave me his watch.

しかしつねに同義が成立するとは限らない．直接目的語に何を選択するかで，その行為で直接影響を受けるのは誰か（何か）が変わるからである．2つの差は次のように示される．

(35) a. 〈**主体**　移送物　受取手〉（＝(34a)）
b. 〈**主体**　移送物　**受取手**〉（＝(34b)）

(35a) は移送物がどうなったかを語るのにふさわしい構文なのに対し，(35b) は受取手がどうなったかを語るのにふさわしい構文だとわかる．つまり，事態の切り取り方，捉え方が，構文によって異なっているのである．

構文が与える捉え方に合致しない状況は容認性が低くなる．その証拠として次のペアは書き換えができない．

(36) a. #He gave a {headache/cold} to me.
b. He gave me a {headache/cold}.

ここでは，「私がどうなったか」が問題であり，頭痛や風邪という，抽象的・現象的なものに焦点を当てて語る状況ではない．すなわち，SVOによる第3文型の

構文の意味とは相容れない状況なので (36a) は容認性が低くなっている．もう1つ類似の現象をみておこう．

(37) a. The Prime Minister gave a speech to diplomats (but they did not listen).

b. The Prime Minister gave the diplomats a speech (*but they did not listen).

(37a) では首相がいつも通りスピーチを行ったという中立的ニュアンスである．一方，(37b) では受取手に焦点を当てる二重目的語構文が用いられており，この構文の意味と合致する状況は，外交官 (diplomats) を行為のターゲットに据えてしっかりと聴いてもらおうという強い態度を伴う，場合によっては威嚇的な状況となる．この状況では，「あまり聞いていなかった (but they did not listen)」という文を続けにくい．このように，フレームのどこに焦点を当てるかが，各々の構文形式に結びつく意味として認定されることもある．

類例をもう1つみておこう．学校文法で行われる書き換えには，単文-複文という組み合わせもある．事実，『総合英語フォレスト』(第6版) では，(38a) は「that節を使って次 (= (38b)) のように表現することができる」と述べている．

(38) a. I believe him (to be) a genius. (私は彼が天才だと思う)

b. I believe that he is a genius.

しかし，この単文形式と複文形式との間にも意味の差は存在する．

(39) a. {#In the newspaper/On my way to the station} I noticed the department store closed.

b. {In the newspaper/#On my way to the station} I noticed that the department store was closed.

(40) a. I find Mary terribly amusing, although others do not think so.

b. *I find that Mary is terribly amusing, although others do not think so.

新聞という客観的情報源から「閉店」という知識を仕入れた場合には複文形式が好まれるのに対し，駅へ行きすがら自分の眼で直接確認した場合には単文形式が好まれる．また，個人的主観的な意見は単文形式が好まれ，複文形式とは相容れないことが (40) からわかる．ここから，ここでの単文形式 (SVOC) は直接体験した主観的な判断や評価を描写するのに適した構文形であるのに対し，that節を用いた複文形式 (SVO that ～) は客観的情報を得た場合を描写するのに適した構文形であることがわかる．

また，次の例はアメリカのテレビドラマからとった台詞である．

(41) a. Do you find me short?
    b. I always consider her my sister.　　　　　（『アリー my Love（Ally McBeal）』）

(41a)は，アリーの同僚ジョンが新しい彼女とつきあい始めたが，自分の背が低いことを気にして，アリーに自分の身長について尋ねる台詞である．この場面で複文形式 Do you find that I am short? への書き換えは成立しない．なぜなら，アリーはジョンの身長を前から知っているのであって，ジョンが聞きたいのはアリーの改めての「評価」，つまり主観的な意見だからである．また(41b)は大親友と思っている年下の女友達を評する台詞である．事実としては妹ではないが「妹分のように大切に思っている」という意味を伝えるこの文を，客観的事実を伝達する複文形式へと書き換えることができないのは明らかだろう．

4.3.3　フレームと文化的コンテクスト：日英対照

フレームは文化的な形で現れてくることもある．日頃意識していないフレームも，翻訳という異文化間での転換作業を通じて浮き彫りになることがある．たとえば，英語の respect に，日本語の辞書では「尊敬（する）」という訳語を当てることが多い．しかしどんな目的語をとることが自然かを調べてみると，2つの語には違いがみられる．

(42) a. Respect yourself / your parents / aged people / the children / the baby.
    b. ｛あなた自身を / 親を / お年寄りを / ? 子どもを / ? 赤ちゃんを｝尊敬しなさい

日本語の「尊敬」は，通常目上の人物や，何か偉業を成し遂げた人に対して抱く感情のようで，子どもや赤ちゃんなど，目下で特にまだ何も成し遂げていない存在には用いられにくい．一方，英語の respect は特にそのような制限がない．つまり，「尊敬」と respect とは一対一に対応する語ではないことがわかる．この違いは，目下の者から目上の者へという上下関係にある存在をフレームとしてとる日本語と，そのような上下関係に限定しない2者間の存在をフレームとしてとる英語との違いとして説明できる．

単純な翻訳では細やかな意味の違いが伝えられない事例もある．日本語で「話をする」というときの「話」は，実はさまざまな意味で用いられる．

(43) They seem to began {dialogues/conversation/negotiation} to promote mutual understanding.（彼らは相互理解のための話を始めたようだ）

ここで「話」とひとくくりにする日本語の訳では，正しく3語の意味の違いを伝

えていない．いずれも「話をする」という点では共通するが，どのような場，メンバー，目的で話をするかというフレームが異なる．dialogue はある問題の解決目標に達するために2者間で行われるもの，conversation はインフォーマルで非公式なもの，そして negotiation は異なる意見をもつ者の間で合意に達するために行われる政治的なもの，である．用いる語によって，they が一般人なのか首脳級の人物なのか，公の場か個人的な場面か，意見の一致はあるか，などといった，周囲の状況のあり方までもが変わる．つまり，フレームが異なればその意味合いはまったく異なってしまうのである．

フレームが異なるために，翻訳に苦労する場合もある．

(44) 村の先生（＝医師）は，もうだいぶおとし寄りのようで，そうして仙台平（せんだいひら）の袴（はかま）を着け，<u>白足袋</u>をはいておられた．（…）お昼すこし前に，下の村の先生がまた見えられた．こんどはお袴は着けていなかったが，<u>白足袋</u>は，やはりはいておられた． (太宰治『斜陽』)

別宮 (1979) によると，ここでの「白足袋」を，翻訳者ドナルド・キーン氏は white socks とは訳さなかった．同じ事物を指していても，フレームが異なればその意味合いが異なるからである．近代の日本文化では白足袋は「過度の潔癖さの象徴であり，四角張った礼装」（別宮 1979: 159）なのに対し，英語圏の文化での white socks は「テニスにでも出かけそうなカジュアルな服装」（別宮 1979：159）である．村の医師たちの礼装ぶりを描写したい箇所なのに，伝わってしまうのはカジュアル性となり，ちぐはぐさが目立ってしまう．そこで，苦心したであろうキーン氏の結論は，白足袋を white glove（白い長手袋）と訳すことであった．礼装というフレームを保持しようとした結果の思い切った変更といえよう．

4.4 意味と話者の関係

これまで，意味が人間の捉え方を反映するという認知主義的意味観をみてきた．最後に，ことばを使う人間がどのように意味を操っているか，いくつかの事例を通じて観察したい．

4.4.1 話者の語彙選択―精緻性

表現には具体的なものから抽象的なものまで，さまざまなレベルがある．言語

表現の具体性のレベルは**精緻性**（granularity）と呼ばれる．

(45) <u>Michael Schumacher</u> was named UNESCO Champion for Sport on April 15, 2002. The nomination of <u>the 33-year-old German F1 racing driver</u> came "in recognition of <u>his</u> role in the promotion of sport."「（<u>ミハエル・シューマッハ</u>は2002年4月15日にユネスコ・スポーツ・チャンピオンに選ばれた．<u>この33歳のドイツ人F1ドライバー</u>が選ばれたのは，スポーツの振興において<u>彼</u>が果たした役割が認められたことによる．」）

ここでの下線部の3つの表現はいずれも同じ人物を指すが，その表現の精緻性には程度差がみられる．

(46) his（＝he）＜ the 33-year-old German F1 racing driver ＜ Michael Schumacher

精緻性は，表現が具体的であり，指示する範囲が狭くなるほどに高くなる．代名詞 his はそれ自体が抽象的で，男性（の人間）であれば誰でも指示できるのに対し，driver はもう少し特定の役割を担う人を指す．さらに固有名詞はある特定の人を指すための表現であり，この階層での精緻性は最も高い．また(46)の階層性は，Michael Schumacher という人物に関する上位語-下位語の関係をなしている．

このように，言語表現は精緻性において差がみられる．これは，人間が状況を抽象化して描写できる能力と関係する．言語表現に多様性がみられるのは，言語がそうなっているだけではなく，その言語が描写するように人間が捉えたからに他ならない．(45)ではまず Michael に焦点を当てて近い距離から描写し，だんだんその周辺情報へとカメラ位置を引いて，最後に遠距離的視点から his（＝he）と一般的表現で捉えたかのようである．

またカメラアングルは近から遠だけではなく，遠から近にすることもできる．

(47) そんな春の日に一人の若い女性が赴任してきた．周りのみんながやんちゃな子どもたちに手を焼いている中，この女教師は持ち前の優しさと毅然とした態度で子どもたちに接し，次第にみんなの心をつかんでいった．彼女は美枝子先生といった．美枝子先生は，徹底して子どもたちの欠点ではなく長所に着目した．

この例では，女性＜女教師＜美枝子先生と，遠距離から近距離へと次第に視点を移していく中で，対象の人物描写の精緻性が上がっていくことがわかる．この精緻度の違いは捉え方の違いを反映している．私たちの捉え方により，対象の見え方が変わってくるため，それに応じて言語表現の精緻性も変動するのである．特に精緻性のレベルと視点のとり方とは密接な関係にある．

4.4.2　話者の立ち位置—視座

　言語表現の背後には必ず，それが表す状況を観察している人の存在がある．その人がどこから観察・描写しているか，その立ち位置を**視座**という．普段は言語化されないが，時にそれが露呈することがある．

(49) a. He's coming up the steps. There was a broad smile on his face.
　　 b. He's going up the steps. There was a wad of bubblegum on the seat of his pants.
　　 c. #He's coming up the steps. There was a wad of bubble gum on the seat of his pants.　　　　　　　　　(Fillmore, 1982: 262-63; Croft and Cruse, 2004)

(49c) はなぜおかしいのだろうか．それは，視座が統一されず矛盾が起こるからである．(49a) は彼の様子を彼の正面からみており，彼はこちらへ向かって来ているため，その表情がよくわかる．(49b) では，彼の様子を背後からみており，彼は遠ざかる方向へ進んでいるため，その後ろ姿の様子がみえる．しかし (49c) では，前半で (49a) と同じ彼の正面の視座をとり，後半では (49b) と同じ背後の視座をとっているため，不自然な描写とみなされる．

　このように，文と文を首尾一貫して結びつけるには，話者の存在およびその視座を意識する必要がある．しかし，その大切な役割を担う話者自身は，言語表現上ほとんど出てこない．その理由は，ことばを使っている本人は，自分のことが見えていないからである．人は，客観的な事実をそのままに語ることはできず，すべて自分の知覚経験を通して語ると考えられる．そのとき，事実である状況を見ている自分を見ることはできない．したがって，みえていないものは言語化の対象にもならない．しかし，言語表現に現れてこないものから，その表現の背後にある知覚者・話者の存在が垣間見える．つまり，そこにいるのに表現されない「話者」がどこにどんなふうに存在する人物なのか，推測が可能なのである．

　日本語でも同じことがいえる．

(50) a. A 大学との協定（cf. A 大学と B 大学との協定）
　　 b. ママ友と行く？　義理ママと行く？　VERY なレストランサーチ
　　　　　　　　　　　　　　　　　　　　　　　　　　　（雑誌の HP より）
　　 c. 部下との距離を縮める「場」づくりのすすめ　　　（雑誌のタイトルより）

(50a) の表現は，表現にはでてこない B 大学の目線から語られている．(50b) からは子どもつながりの友がいて義理の母が健在である，既婚者で子持ちの女性が，

(50c) からは部下をもつ上司の立場にいる人が，この雑誌や本の読者層としてターゲットにされている．いずれも言語表現としては現れていないものの，話者の視座が存在することが推測される．

また，表現から話者が特定され，その人の立場や思考が露呈することがある．

(51) a. 筆者は，{実父/お父上} の介護を通じて，老親と仲間で居続ける決心をし，共に時間を過ごすために必要となる心構えを説いていく．
b. 警察の調べでは，その日，教授に {会った人/お会いした人} が一人だけいたそうだ．
c. あなた，昨日美代子にお小遣いを {あげた/くれた} んですって？

話者が当該の相手とどんな関係にあるのかが，語彙の選択から推測できる．「お父上」「お会いした」「くれた」を選択するのは，自分が当該の相手と近しい関係にある（と考えている）話者であるのに対し，「実父」「会った」「あげた」は，第三者か，あるいは心理的に第三者的立場の話者である．このように，自分について直接は何も語らずとも，話者自身が浮き彫りになってしまうのである．

4.4.3 意味に組み込まれる話者──主体化・主観化

ここまでは，話者の存在の「気配」が垣間見られる意味現象をみてきたが，話者が意味に関与する度合いがさらに上がって，話者の存在や話者の推論が意味の一部となる例もでてくる．まず (52) は話者の存在が関与する例である．

(52) a. John swam across the river.
b. John lives across the river.

(52a) の across は移動の意味「渡る」を表すが，(52b) は「川を渡った向こう側」の位置を表す．(52b) は 4.2.2 項でみた虚構移動の事例でもあるが，ここでの移動をひき起こしているのは John ではなく話者である．つまり，across にみられる「向こう側」という意味は，話者が心理的に視線をたどらせた結果得られる意味なのである．このように，話者による心的プロセスが意味に組み込まれていくことを **主体化**（subjectification）と呼ぶ．

また，話者の推論が意味の一部に組み込まれる現象がある．

(53) a. He has been miserable since April. 〈時間〉
b. He has been miserable since his girlfriend left him. 〈時間・理由〉
c. Since he is sick, she has to take care of him. 〈理由〉

Since の表す (53c) の理由の意味（「～から・以来」）は，(53a) の時間関係の意味（「～なので」）に基づく話者の推論から生じたと考えられる．(53b) は2つの意味の中間例で，「恋人と別れる」ことと「不調」との時間的前後関係から，私たちは「時間的に前に起こった出来事は後の出来事の原因では」と推論しがちである．つまり，理由の意味はこの推論が何度も起こって定着していくことで，since に付け加わったと想定できる．実際，理由の意味は時間の意味より歴史的にも後になって生じている．このような，話者の推論パターンが定着して意味の一部になる現象には，**主観化**（subjectification）という訳語を与え，主体化とは区別して訳出するのが慣例である．

主体化，主観化いずれも，語の意味変化に話者の積極的な役割を認める点では似ている．ことばの使用者としての話者の存在は，意味論ではもう無視できないのである．

4.4.4　話者の思考の暗示—前提

次の文を予備知識なく読んでみて，この話者がどういう人か推測してみよう．

(54)　…先日，元夫が国際電話をかけてきて，留守の間に荷物を取りに来て欲しいと言ってきました．私は取引先との打ち合わせが入っていて簡単には行けないので，娘に代わりに行ってもらうことにしました．

「元夫」から，話者が離婚していること，「国際電話」から，その元夫は今外国にいることがうかがえる．また，「取引先との打ち合わせ」から，話者が有職者であること，「娘に代わりに…」から，娘がいること，もわかる．このように，その文

コラム7●最新の意味論周辺の研究成果

本章でも意味の成立に話者の関与が大きく関わる例を多くみてきたが，近年の意味論でも言語使用者である話者の役割をますます重視してきている．特に，意味の一部に話者の心的な移動や推論が組み込まれていく現象を扱う**主観化・主体化**（subjectification）に関する研究が盛んになってきており，近年の関心が言語の記述対象のあり方から言語の使用者との関わりに移っている．また，話者のみならず聴者の態度や立場を考慮に入れた意味を発達させる**間主観化**（intersubjectification）の検討も，歴史的意味変化研究の分野を中心に活発になっており，意味論と語用論の境界を越えた研究が進められている．

の中ですでに真として成立するとみなされる要素のことを，**前提**（presupposition）という．その要素を含む文を前後の脈絡なく単独で使っただけで，その要素部分は事実として伝達されることになる．

この前提現象は英語でも同じように現れる．類例として次のようなものが挙げられる．

(55) a. John <u>started</u> complaining these days.（前提：He wasn't complaining before.）
　　 b. John <u>stopped</u> complaining these days.（前提：He used to complain before.）

start/stop を用いることで，過去の状況が事実として伝わる．(49a) ではそれまでは不平不満を言わなかったことが，(49b) では言い続けていたことが，それぞれわかる．

また，別の前提の例として，**補文**（complement）と呼ばれる that 節が挙げられる．

(56) a. John <u>realized</u> that Mary was married（*but it turned out that she was single）.
　　 b. John <u>thought</u> that Mary was married（but it turned out that she was single）.

realize も think も，思考・認識を表すという点では似た意味を表す動詞である．しかし，(56a) と (56b) とでは that 節の位置づけが異なる．主動詞 realize を用いた (56a) では，that 節の内容は John の思い込みとは独立して確定している事実となる．その証拠に，but 以下で that 節内容を否定する情報を付け加えることはできず，矛盾した印象を与える．つまり，ここで that 節は前提とされているのである．一方，主動詞 think を用いた (56b) の that 節内容は，John の思考の中でのみ成立し，また but 以下を付け加えても問題なく成立することから，that 節内容は現実の外界とは一致しておらず，したがって前提ではない．このように，動詞によって前提補文をとるかとらないかが決まっているのである．

おもしろいことに，前提補文である that 節は，主節の動詞が肯定形であろうと否定形であろうと，つねに真として成立する．

(57) a. John <u>realized</u> that Mary was married.（結婚していると気づいた）
　　 b. John <u>didn't realize</u> that Mary was married.（結婚しているとは気づかなかった）
(58) a. John <u>thought</u> that Mary was married.（結婚していると思った）
　　 b. John <u>didn't think</u> that Mary was married.（結婚しているとは思わなかった）

(57) のいずれの文でもメアリーが既婚であることは事実であり，それにジョンが

4.4 意味と話者の関係　　　　　　　　　　　　　　　　　　　　　117

気づいているかいないかが異なるだけである．これが前提の特徴である．つまり，前提はあくまでも前提としてつねに独立してその真が成立するものであり，前後に否定要素があったとしても，影響を受けないのである．一方，その解釈は (58) にはない．(58a) ではメアリーは既婚，(58b) では未婚と解釈され，that 節の事実性は一定ではないので，前提ではない．

　日本語でも同じことがいえる．ドラマや小説のナレーションでよく使われる次の表現は，この前提の効力を利用したものである．

(59) a. しかし，更なる苦難がこれから待ち受けていようとは，<u>気づくよしもなかった</u>．
　　　 b. 彼がまだあきらめていないということを，人々は後に<u>知ることになる</u>．

ドラマの中の登場人物は気づいていなくても，聴者はこのナレーションを聞いて，登場人物の知らない事実や今後の展開について，まるで神のように知ることができるのである．

4.4.5　前提と対人関係的誘導

　この前提概念は，会話の中に巧みに紛れ込められて，対人関係的に利用されることもある．次の依頼の状況を考えてみよう．

(60) a. 君の持っている本を借りたいんだけど，いつ行ったらいい？
　　　 b. このデータの分析なんだけど，明日の3時までにまとめることはできる？

(60a) では「本を借りる」ことがあたかもすでに成立したかのように述べ，次の段階である訪問の時期を尋ねている．相手はその本を今貸したくないかもしれないし，利用不可能かもしれない．けれども，相手の事情にはおかまいなく，貸してくれることを当然のこととして背景化し，次の手順へと注意を向けることで，強引に論点を先に進めている．同様に，(60b) の話者は，データ分析してもらうことを前提視し，次の段階である〆切の妥当性を尋ねている．聴者は次の手順に注意を向けられてしまうので，データ分析をやらざるを得ない状態に追いやられやすくなる．

　前提を，選択肢を通じて与えることもできる．

(61) (親が，おもちゃを欲しがってひっくり返って泣いている子どもに)「もう少しここで泣いている？　それとももう帰る？」

親が提示する選択肢は，そこに居続けるか帰るかは，おもちゃを手に入れられな

> **コラム 8 ● 英語教育との関わり**
>
> 　認知意味論の考え方は教育面での応用が期待できる．まず，語の意味は背景によって決まるとするフレーム意味論の考え方を授業に活かすことができる．単語の辞書的な意味だけを一対一に対応させて暗記する機械的な学習ではなく，最もふさわしく用いられる文脈とともに，似ているが守備範囲の違う意味をもつ類義語と対照させて提示することで，適切な語彙の選択・学習が促進される．また前置詞や動詞の例のように，語のもつ複数の意味のうち，中心的なものをまずプロトタイプと捉え，他の用法はそこからの拡張として関連づけることで，理解を促す方法も効果があることが報告されている．
>
> 　さらには構文の意味の知識を英語教育に活かすことも有効である．学校文法ではよく構文の書き換えを生徒にさせるが，そこに意味の違いがあることは，これまで見た通りである．ただし，書き換えは無意味だからさせる必要はない，と短絡的に考える必要はない．認知意味論の立場からは，「形が違えば意味が違う」ことを逆手にとり，書き換え操作に意義づけが与えられる．実は書き換えとは，1つの事態に対するさまざまなものの見方ができるようになるための練習なのである．書き換えとしてペアにされる表現形式（構文）は，同じ事態をどの視点から，どこに力点を置いて解釈するかの認知パターンをあらかじめ用意しているテンプレートだということを，意識化させることが可能になる．

いことを前提として，今子どもが採れる選択肢だが，逆にそれ以外の選択肢はない．つまり，おもちゃを手に入れることは存在しない，と，暗に伝えているのである．

　前提を相手の誘導へと使うようになると，かなりの策略となる．このような例はセールストークなどでよく使われている．

(62) a. （ウィンドーショッピングをしている客に）「どういった柄をお探しですか？」
b. 「このシューズ，今凄い人気なんですよ．ブラックのタイプと，シルバーのタイプでしたらどちらがお好みですか？」
c. 「いつか遊びに行こうよ．土曜日か日曜日，どっちが都合がいい？」

前提を忍び込ませてさらにその先を尋ねることで，相手に前提を拒否しにくくさせる戦法である．(62a) は，特に何か探していたわけではない客に，ある柄を探していることを前提視させるし，(62b) でもシューズを買うと決めたわけでもな

いのに，どの色が好みかと尋ねることで，買う方向へと誘導する．また，日程を尋ねることで，なんとなく遊びに行くことが決まってしまったかのような流れにしている．このように，前提の存在によって，特に強く断る理由がない場合には誘導された方向へ流れていくことも十分にありうるのである．

より深く勉強したい人のために
- 籾山洋介（2002）『認知意味論のしくみ（シリーズ日本語のしくみを探る）』研究社．
  初心者向け．日本語の事例を豊富に用いて，認知意味論の主要な概念についてわかりやすく説明している良書．章末問題などもあり，自主学習を促す配慮もなされている．
- ジョン，テイラー・瀬戸賢一（2008）『認知文法のエッセンス』大修館書店．
  中級者向け．原本は認知文法への入門書（使用言語は英語）であるが，その内容に加えた瀬戸氏による解説が加筆されている．海外での潮流がわかる骨太な本．
- 深田智・仲本康一郎（2008）『概念化と意味の世界 認知意味論のアプローチ（講座認知言語学のフロンティア）』研究社．
  中～上級者向け．認知意味論の背景となる考え方に始まり，最新の研究成果や隣接分野との関連までが豊富な，読み応えのある本．入門書で基本を押さえた後に改めて読むと，理解が深まる．
- 松本曜（編）（2003）『認知意味論（シリーズ認知言語学入門3）』大修館書店．
  中～上級者向け．認知意味論の分野の研究や考え方を幅広くカバーしており，各学者の立場や意見の違いも知ることができる．

演習問題
1. 次の語の意味の違いを，「フレーム」と「焦点化」というキーワードを用いて説明せよ．
   - （a）youth / adolescence
   - （b）nervous / anxious / irritated
   - （c）over / below
   - （d）来年度 / 次年度の予定
   - （e）書道 / 習字
   - （f）パパ / 父親
2. 次の下線部を引いた語は，どの意味を中心として，どのような意味拡張を起こしていると考えられるか．
   - （a）都会は夜でも明るい / 彼は明るい性格だ / 政治には明るくないので，わからない．
   - （b）服をハンガーにかける / アイロンをかける / お目にかける．

(c) He <u>ran</u> along the river. / He will <u>run</u> for the next year's election. / The mountains <u>run</u> from east to west.
3. 次の文で前提として機能しているものがあるか，あるとしたらどの部分か．
(a) It is surprising that Mary is married.
(b) You may be forgetting that his lecture is boring.
(c) （歯医者で）次の予約は三ヶ月後になりますが，いつになさいますか？
(d) 今度の日曜日，どこのレストランに行きたい？

文 献

池上嘉彦（1980）『「する」と「なる」の言語学』大修館書店．
石黒昭博（編）（2006）『総合英語：フォレスト（第6版）』桐原書店．
河上誓作（編著）（1996）『認知言語学の基礎』研究社．
早瀬尚子・堀田優子（2005）『認知文法の新展開―カテゴリー化と用法基盤モデル―』研究社．
深田智・仲本康一郎（2008）『概念化と意味の世界―認知意味論のアプローチ―（講座認知言語学のフロンティア）』研究社．
松本曜（編）（2003）『認知意味論（シリーズ認知言語学入門3）』大修館書店．
籾山洋介（2002）『認知意味論のしくみ（シリーズ日本語のしくみを探る）』研究社．
Croft, William and Allan Cruse (2004) *Cognitive Linguistics*, Cambridge University Press.
Evans, Bill and Melanie Green (2006) *Cognitive Linguistics: An Introduction*, Edinburgh: Edinburgh University Press.
Gerraerts, Dirk (2010) *Theories of Lexical Semantics*, Oxford: Oxford University Press.
Goldberg (1995) *Constructions: Constructional Approach to Argument Structure*, Chicago: University of Chicago Press.（河上誓作・早瀬尚子・谷口一美・堀田優子（共訳）（2001）『構文文法論―英語構文への認知的アプローチ』研究社）
Lakoff, George (1987) *Women, Fire and Dangerous Things: What Categories Reveal about the Mind*, Chicago: University of Chicago Press.（池上嘉彦・河上誓作ほか（訳）（1993）『認知意味論―言語から見た人間の心―』紀伊國屋書店）
Lakoff, George and Mark Johnson (1980) *Metaphors We Live By*, Chicago: University of Chicago Press.（渡部昇一・楠瀬淳三・下谷和幸（訳）（1986）『レトリックと人生』大修館書店）
Lakoff, Robin (1990/2004) *Language and Woman's Place*, Oxford University Press.
Langacker, W. Ronald (1987) *Foundations of Cognitive Grammar*, Vol. 1, Stanford: Stanford University Press.
Langacker, W. Ronald (1991) *Foundations of Cognitive Grammar*, Vol. 2, Stanford: Stanford University Press.
Lee, David (2002) *Cognitive Linguistics: An Introduction*, Oxford: Oxford University Press.（宮浦国江（訳）（2006）『実例で学ぶ認知言語学』大修館書店

Radden, Guenter and Rene Dirven (2008) *Cognitive English Grammar*, Philadelphia: John Benjamins.

Talmy (2000) *Toward a Cognitive Semantics*, Vol.1 & 2, Cambridge MA: MIT Press.

Taylor, John (2008) *Cognitive Grammar*, Oxford: Oxford University Press.（テイラー，J. R.・瀬戸賢一 (2008)『認知文法のエッセンス』大修館書店）

Taylor, John R. (1989/1995) *Linguistic Categorization*, 3rd Edition, Oxford: Clarendon Press.（辻幸夫・鍋島弘治朗・篠原俊吾・菅井三実（訳）(2008)『認知言語学のための14章（第三版）』紀伊國屋書店）

Traugott, Elizabeth (2001) *Regularity in Semantic Change*, Cambridge: Cambridge University Press.

Tyler, Andrea and Bill Evans (2003) *The Semantics of English Prepositions: Spatial Scenes, Embodied Meaning and Cognition*, Cambridge: Cambridge University Press.（国広哲弥・木村哲也（訳）(2005)『英語前置詞の意味論』研究社）

Ungerer, Friedrich and Hans-Jörg Schmid (2006) *An Introduction to Cognitive Linguistics*, 3rd edition.（池上嘉彦ほか（訳）(1998)『認知言語学入門』大修館書店．ただし原著初版 (1996) の翻訳）

第5章 文の運用について
―語用論―

高橋　潔

5.1 語用論とは何か

　第3章では，統語論が語句や文の構造を扱う言語学の1分野であり，第4章では，意味論とは，語句や文とその意味関係，また，意味と意味の関係を扱う分野であることが示された．本章で扱う文の運用とは，**語用論**（pragmatics）と言い換えても実質的に同じである．それでは，語用論とは，統語論や意味論とどう違った分野なのであろうか．

　簡単に図式化して，これら3つの分野の関係を説明するなら，図1のようになる．

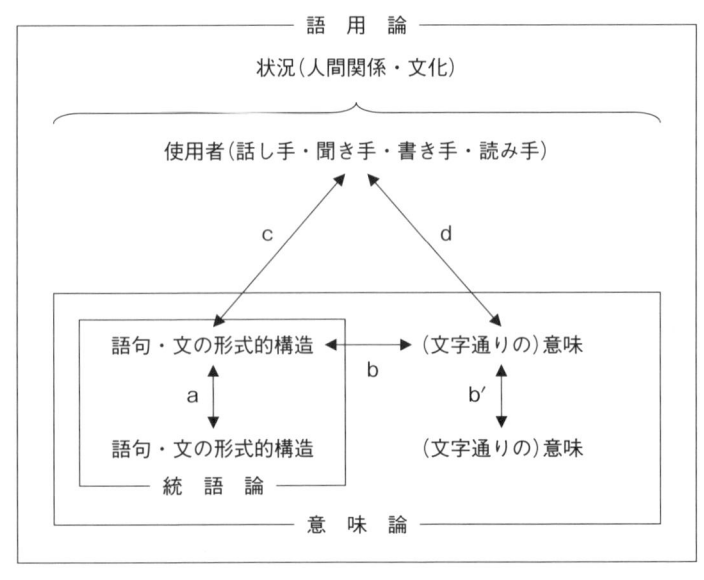

```
┌─────────── 語 用 論 ───────────┐
│       状況（人間関係・文化）          │
│   使用者（話し手・聞き手・書き手・読み手） │
│         c           d              │
│   ┌────────────────────────────┐  │
│   │ 語句・文の形式的構造 ←─b─→ （文字通りの）意味 │
│   │      ↕a                    ↕b'          │
│   │ 語句・文の形式的構造      （文字通りの）意味 │
│   │       統 語 論                           │
│   └────────── 意 味 論 ──────────┘  │
└─────────────────────────────┘
```

図1

5.1 語用論とは何か

　ここで，ある語句・文の形式的構造自体の研究と，a の矢印が表している他の語句・文の形式的構造との関係を研究している分野が，統語論であることを示している．また，b の矢印で表される語句・文とその文字通りの意味や，b' の矢印が表す他の語句・文との関係を扱うのが意味論である．そして，形式的構造とその意味とそれらを使用して思考したり，他の人とコミュニケーションする人間が関わってくる三角関係全体を扱う分野が，語用論である．統語論では通常，文が使われる状況を考慮しないで研究されるのに対して，語用論は必ず**状況**（situation）を考慮に入れることになる．状況と結びついた文や文の断片を**発話**（utterance）という．状況は，発話の場面，たとえば，独り言やくだけた日常会話や堅苦しい講演や法廷での議論などの場面の違いによっても，また，話し手と聞き手の人間関係や文化的背景によっても異なり，さまざまな要因によって，無数に分類される．

　人間が言語を理解したり使ったりする場合，形式とその文字通りの意味がわかっただけでは，何のことなのかさっぱりわからず，実は，状況と結びついてはじめて理解が可能になるということを理解するため，具体的に，自然な短い簡単な英語の例（Culpepper and Schauer 2009）をみて考えてみる．

(1) Jonathan: They're lying down...means it's going to rain.
　　Emily: Well, what if it doesn't.
　　Natalie: They'd be lying.

読者の皆さんは文字通りの意味は理解できても，これらの発話の状況がわからないため，たとえば，以下の①〜⑤のような疑問がわいてくるのではないだろうか．

　①最初のジョナサンの発話での they, it, エミリーの it, ナタリーの they はそれぞれ何を指す代名詞なのだろうか．つまり，それら代名詞の**指示物**（referent）は何なのか．

　②代名詞の指示物がわからないため，They're lying down, means it's going to rain, what if it doesn't, They'd be lying という4つの文や不完全な文が「それら/彼らは横になっている」「雨が降ることを意味している」「そうでなければ何なのか」「それら/彼らは横になっている/嘘をついていることになる」という文字通りの意味は何となくわかっても，本当はどんなことをいっているのか．

　③特に最後の文 They'd be lying. の lying は「横になる」の意味なのか「嘘をついている」の意味なのか．どちらなのだろうか．

④ジョナサンの発話はThey're lying down…と文の途中でとぎれ，その後で，あたかもこの文をthat節主語であるかのように…means it's going to rain.という文で締めくくっているが，これは非文法的なのだろうか．文の途中でのとぎれや言い直しは言語学の研究対象なのだろうか．

⑤エミリーのWellは「よく」という意味の副詞のwellと同じ語なのだろうか．

はじめに，上記①〜⑤の疑問に，単純な答えを与えると，実は，(2)の会話は，ジョナサンという男性が，エミリーとナタリーという2人の女性といっしょに車に乗って，何頭かの牛がいる牧草地を通っているという状況でなされているものである．実際,この文の前には[Travelling in a car, past a field with cows in it]（[車に乗って牛がいる牧草地を通っていくとき]）という状況説明がある（Culpepper and Schauer 2009）．このことがわかると，たちまち，上記の疑問のいくつかは氷解する．つまり，①のジョナサンのtheyもナタリーのtheyも車外に見えるcowsを指示物としている代名詞である．ジョナサンのitとナタリーのitはどちらも天候を表す形式主語のitである．② They're lying down, ...means it's going to rain, what if it doesn't, They'd be lyingという4つの文は「牛が横になって寝そべっている」，「…雨が降ることを意味している」，「雨が降らなかったらどうなる」，「牛が横になって寝そべっていることになる」または「牛が嘘をついていることになる」を意味している．したがって③は少なくとも**二義的**（ambiguous）であることになる．④は，文法的か非文法的かは問題ではなく，どんな言語でも誰でも起こす言い間違い・言い直し，あるいは話題の転換のための…が生じているという言語の運用上の問題である．⑤エミリーのWellは，学校文法では副詞のwellとは別で**間投詞**（interjection）とされることもある，**つなぎ語**（link word）である．すると(1)は，次のように，自然な日本語に翻訳できる．

(2)　[車に乗って牛がいる牧草地を通っていくとき]
　　　ジョナサン：　横になって寝そべってる…雨が降るのか．
　　　エミリー：　じゃー，降らなかったらどうなの．
　　　ナタリー：　寝返ってるってことよ．

この日本語の試訳で,ジョナサンが「横になって寝そべってる…」というとき「ϕ 横になって寝そべっている」の主語は日本語ではϕで表している音形をもたない**ゼロ代名詞**（zero pronoun）で表現されている．英語にもゼロ代名詞はあるが，英語のゼロ代名詞には，日本語のように言語で表されておらず，状況の中にその指

> **コラム9●「よ」と「ね」**
>
> 　(2)のナタリーの「寝返ってるってことよ」は，この試訳以外に「寝返ってるってことね/よね．」も考えられる．つまり，終助詞「よ」または「ね」または「よね」の3種類の翻訳が可能であると思われる．「よ」は**新情報**（new information）を表しており，話し手が聞き手が知らないと想定している情報を与えていることを表現している．一方，「ね」は話し手が聞き手がすでに知っている**旧情報**（old information）を与え，同時に話し手も聞き手も同じ社会集団に属しているという**仲間意識**（solidarity）も表している．したがって「よね」は，新情報であることと仲間意識も表している．
>
> 　しばしばくだけた日本語会話で会話者が互いに「～ね」「～ね」を何度も繰り返すような発話をしているのは，互いに家族や友人や同僚という同じ社会集団に属している仲間だということの確認をしあっていることを示している．図1はそのようなことも考慮した語用論と文化の関係も表現している．「～ね」が日本の文化の1つの特徴を示していることについては高橋（1999），言語と文化の関係についてのさらに単純かつ詳しい図解については高橋・西原（2011: 第8章）を参照のこと．

示物をもっている**語用論的制御**（pragmatic control）と呼ばれる性質はない．「…」で表されているような，言い間違いや言い直しは日本語でもよく現れる現象である．「雨が降るのか」と疑問文のような終わり方をしているのも言い間違いや言い直しのあとでよくみられる表現である．エミリーの「じゃー，」は英語の談話標識のwellと同様にまったく口語的な表現になっている．ナタリーの「寝返ってるってこと…」は，ここでもゼロ代名詞が使われているが，「牛が横になって寝そべっているってことになる」または「牛が嘘をついていることになる」という二義的なことば遊びを解説的ではなく一言で表して，この3人の短い会話の**落ち**（punch line）を巧みに表現している．英語の会話でも日本語の会話でも，この後3人が笑っている状況が容易に想像される．

　次に，①～⑤の疑問を図1に示した言語学の分野の区別と関連して再分析してみる．①の代名詞の指示物の決定の問題は，語用論では**直示体系**（deixis）の研究と呼ばれている．(1)のtheyのような代名詞の指示物だけでなく，here（ここ），there（そこ）などの場所の直示的表現やnow（今），then（そのとき）などの時間の直示的表現も研究対象とされる．図1で話し手がaの関係によってthey

という語を使い，they が b の関係によって「それら，彼ら，彼女ら」という意味が対応していることがわかっても，それだけでは，聞き手や読み手は何のことかわからず，話し手が状況によって d の関係を決定することによってはじめて聞き手や読み手は they が車外にみえる牛たちを指しているということがわかるのである．

②の疑問も，5.3 節でも解説する意味論で扱われる**真理条件**（truth condition）と呼ばれる文の文字通りの意味がわかっても，状況がわからなければ，最終的に話し手が聞き手に意図している解釈が伝わらないという語用論の問題である．図1でbの関係は，文の意味を状況と照らし合わせて，その通り成立するなら真（true）であり，状況と違っているなら偽（false）とされる関係を示しているが，それが理解できれば，意味論上，その文の文字通りの意味がわかっていることになる．それが真理条件といわれるゆえんであるが，実際の発話状況では，真である文も偽である文も発話される．真理条件がわかっているだけでは，図1で意味論が扱う部分を理解しただけで，誰が何のためにどんな会話をしているのかまで理解したことにはならない．一般に，語用論では通常のコミュニケーションでは，話し手は，何らかの**意図**（intention）をもって聞き手と会話をしている．ジョナサンの「(牛が) 横になって寝そべってる」という最初の発話は，事実を伝えるという意図をもって，自分の周りの世界に関するある事実の**記述**（description）あるいは**断定**（assertion）を行っている．人間は生まれてから死ぬまでさまざまな行為をするが，発話もまた行為の一種であり，これを**発話行為**（speech act）と呼ぶ．エミリーの「じゃー，降らなかったらどうなの」という発話は話し相手から情報を引き出そうとする意図をもった**質問**（asking）をするという発話行為である．発話行為には，

(3) a. 発語行為（locutionary act）
  b. 発語内行為（illocutionary act）
  c. 発語媒介行為（perlocutionary act）

という3つの側面がある．(3a) の発語行為は文の**真理条件的意味**（truth-conditional meaning）を伝える行為である．文字通りの意味が伝わらなければ，話し手の意図は何も伝わらないから，この行為はすべての発話行為に必ず備わっている．(3b) の発語内行為とは「何かをいいつつ何かを行っている」ときの「何か」のことで，エミリーの発話では，質問するという発語内行為をしている．発語内行為

の重要な特徴は，行為が成立することによって話し手や聞き手に将来何かをする，あるいは，してはならないという社会的拘束力が生じることである．これは，**発語内的力**（illocutionary force）と呼ばれる．エミリーの質問によって，聞き手であるジョナサンやナタリーにはエミリーの質問に答えなければならないという発語内的力が社会的拘束力として働いている．それによって，ナタリーの「寝返ってるってことよ」という発話が促されている．もしも，誰も何も発話しなかったら，エミリーは，自分が無視されたと感じ，少なからず立腹するに違いない．このことも質問という発語内行為に発語内的力があることの何よりの証拠である．

(3c) の発語媒介行為とは，「何かをすることによって何かを行っていた」の「行っていた何か」の行為を指していて，発語行為や発語内行為と違って，必ず結果としての効果を生じさせる行為である．この行為は，発話を伴わなくても成立する行為である点でも発語行為や発語内行為とは異なっている．ナタリーの「寝返ってるってことよ」という発話は，原文の英語の They'd be lying. の試訳であるが，「牛が横になって寝そべっているってことになる」または「牛が嘘をついていることになる」の二義性を利用した冗談をいうという発話行為で，発語媒介行為として，聞き手を笑わせるという効果をもっている．人を笑わせるには，必ずしも言葉を使う必要はなく，パントマイムをしたり相手をくすぐるという行動によっても行為することができるが，発話を伴っていれば，その発話には発語媒介行為の効果をもっているといえるわけである．

③の疑問は，すでに解説したように，二義性のある文であるということであるが，これは偶然生じた二義性ではなく，意図的に図1のbの関係を1つの形式に2つの意味を対応させることによって作られた二義性であり，聞き手を笑わせるという発語媒介行為をしていると解釈するのが自然である．むろんナタリーが意図しない偶然生じた二義性という解釈も可能である．実は，5.3 節で解説するが，語用論の理論は発話の解釈を一義的に決めつけない理論であって当然なのである．

④の疑問は，図1で解説されるというより，本質的に，語用論をどう捉えるかという問題に関わっている．言い間違いや言いとぎれは理想的な言語の話し手ならばしないが，普通の人間ならば言葉の運用において誰でも犯す間違いなのである．これについては 5.2 節で取り上げる．

⑤の疑問については，well などのつなぎ語あるいは**談話標識**（discourse marker）

と呼ばれる表現の研究に関わっており，この用法も，実は，語用論の研究対象となっており，5.4 節で触れる．

5.2 言語能力と言語運用と語用論

そもそも**言語運用**（linguistic performance）という概念は，1950 年代にチョムスキー（Chomsky, N.）が創始した生成文法において，**言語能力**（linguistic competence）という概念と対をなして登場した．言語能力とは，まったく等質的な言語社会における**理念上の話し手・聞き手**（ideal speaker/hearer）のもっている母語の完全な言語知識である．それは，実際の言語運用において使用される場合，文法とは関係をもたない条件，たとえば，記憶の限界とか，気が他へ散っているとか，注意や関心が移ったり，言い間違いをしたりといった影響を受けていない能力である．

このような言語能力観は，言語学に自然科学と同様の**理想化**（idealization）を持ち込むために必然的生じてくる言語観といえる．なぜなら，物理学者や化学者は，現実にはさまざまな要因が複雑に絡み合い，何が原因で何が結果なのかわからない自然現象に関して，外部環境である状況を捨象し，純粋状態で物理現象や化学反応を観察することによって自然現象の根底にある法則を発見しようとするからである．言語能力に対して，言語能力が記憶の限界や，集中力や注意や関心の変化や誤りなどによって影響を受けて，さまざまな言い間違いや，規則からの逸脱，話題の変更などを含んでいる，具体的な場面における言語の実際の使用のことが言語運用と呼ばれた（Chomsky 1965）．

このようなチョムスキーに代表される言語能力対言語運用という二分法的言語能力観は 1970 年代まで確固たる地位を保っていたといえる．言い換えれば，1960 年代の生成文法は言語能力の研究に集中するあまり言語運用の問題をおろそかにしてきたともいえる．たとえば 1960 年代の代表的生成文法理論の意味論研究（Katz and Fodor 1963）は，語用論が理論としての必要条件を満たすには，話し手の世界に関するすべての知識を表示する必要があり，それは不可能であるがゆえに語用論の理論は不可能であると考えていた．当時の統語論を中心とした言語能力の研究では，雑多な要素は，いわば，語用論という名のくずかご（wastebasket）に捨てられていたのである．したがって，当時の言語学では前節の④の疑問は，

言語運用の問題であることとされていただけで，研究者の関心を引く研究課題ではなかったのである．

語用論がくずかごとなっていたもう1つの理由には，言語運用の問題を扱う言語学の分野としての語用論が，言語学の重要な1分野としてまだ充分な実態をもっていなかったということも挙げられる．「語用論」はpragmaticsの日本語訳であるが，pragmaticsという用語ができたのは1930年代のことであり，意味論とは異なった分野として言語学において注目されるようになったのは，前節の②の疑問の解説で紹介した発話行為の研究の登場からである．これらは1960年代の研究（Austin 1962; Searle 1969）であるが，発話行為研究は言語使用の1側面を捉えるものでしかなく，種々の雑多な要素を十分捉えられるだけの成熟した理論とはなっていなかった．むしろ，サールなどは発話行為研究を，統語論研究のように規則を立てることで，人間の**意味能力**（semantic competence）の解明に役立てようとしたし，逆に，生成文法研究者のロスは，発話行為研究を統語論的説明に組み込もうとしていた（Ross 1970）．生成文法研究者も発話行為研究者も言語能力対言語運用という二分法的言語能力観の影響を強く受けていたのである．

このような研究状況に対して真っ向から異議を唱えたのが，1970年代から盛んになってきた**社会言語学**（sociolinguistics）の研究である．社会言語学は，研究者によってさまざまに異なるものの，基本的に，生成文法研究のような社会との関係を度外視した言語研究はありえないという言語観をもっている．それは，子どもたちが自分の育った母語と異なる言語環境に入ると，たちまち，あらゆる点で言語使用の間違いや分析ミスを犯し，社会的に恵まれた背景をもった子どもたちと恵まれない子どもたちの言語使用がなぜこんなにも異なるのかという生の現実観察から発した疑問から始まったものである（Hymes 1971, 1972）．社会言語学者たちは言語能力対言語運用という二分法的言語能力観そのものが問題であり，コミュニケーションと文化を理解するための幅の広い理論は，発話が，文法的なだけではなく，いかに実行可能で，いかに適切になされてさまざまな文化的に意味のある行動をとったり解釈されたりするかを目標とすべきだと考えたのである．ハイムズは，言語使用には文法能力だけでなく，ある特定の文脈においてメッセージの伝達や解釈，意味の交渉ができる能力，すなわち，**コミュニケーション能力**（communicative competence）が必要で，この能力は，言語の知識と使用の両方の能力を包摂した能力であるとしている（Hymes 1972）．

1970年代にこのようなコミュニケーション能力に関する議論がさかんになると，チョムスキー自身も**語用論的言語能力**（pragmatic competence）という概念を受け入れるようになった．Chomsky（1977a, 1980）は，**文法的言語能力**（grammatical competence）を，理想化された話し手・聞き手のもつ無限個の文法的な文を生成する文に関するさまざまな特質を含んだ知識であるのに対して，語用論的言語能力をさまざまな目的に応じた適切な言語使用の条件とあり方に関する知識であり，文法的言語能力によって生成された文がいかに効果的に使用されるかを決定するものであるとした．つまり，言語運用の理論は文法的言語能力と語用論的言語能力の2つを考慮に入れねばならないと考えるようになったのである．さらに，Chomsky（1980）では語用論的言語能力には，英国の言語哲学者グライスが**会話の論理**（logic of conversation）と呼んだもの（Grice 1975）も含まれるかもしれないと示唆している．では，グライスの研究とは，どのようなものであったのだろうか．

5.3 会話仮説理論

1960年代に発話行為理論によって，はじめて理論的な形を取り始めた語用論研究は，1967年のハーバード大学でのグライスの講演「論理と会話」（"Logic and Conversation"）から一大変革を遂げることとなった．オースチンの門下生であったグライスは，オースチンを代表とする**日常言語哲学**（ordinary language philosophy）の研究に不満をもっていた．

日常言語哲学は「日常言語は素晴らしく精巧な道具だ」という日常言語観をもっていたが，日常言語を分析するだけでは哲学の問題を解決するのに無力であり，哲学的探求のためにはおおざっぱであっても日常言語がどう働くのかについての何らかの語用論の理論が必要であるとグライスは考えていた．そして，それは社会言語学者のように日常言語のデータをいくら収集したとしても，そこから出てくるものではないとも考えていた．明示的語用論がないため，意味論と語用論の区別が意識されず，言葉が意味すること（意味論）と言葉の使い手が言葉によって意味すること（語用論）とが，はっきり区別されていないと考えはじめ，結局，**話し手が言ったこと**（what the speaker said）を，**話し手が言葉にもたせる含み**（what the speaker implicated）から区別できるような理論が必要なのだと考えた．

> **コラム 10 ● 論理記号**
>
> 　論理学の記号で，P, Q を命題（文の意味内容で，状況と合致していれば真，合致していなければ偽という値をとるもの）とすると，論理結合子〜は否定，つまり，〜P は「P でないこと」を表す．∧は連言，つまり，P∧Q で「P かつ Q」，∨は選言，つまり，P∨Q で「P または Q」，⊃は含意，つまり，P⊃Q で「もし P ならば Q である」をそれぞれ表している．また，∀x は全称量化子∀と個体変項 x で，「あらゆる x について…である」ということが成立するこを，∃x は存在量化子∃と個体変項 x で，「…であるような x が少なくとも 1 つある」ということが成立することを表している．ix は，イオタ演算子と個体変項 x で，「…であるような対象」を表している．詳しくは，Allwood, Andersson and Dahl（1977）などを参照のこと．

　つまり，会話というのは文字通りの意味だけでなく会話参加者がさまざまな**推論**（inference, reasoning）を働かせ**仮説**（hypothesis）を立てながらコミュニケーションが成り立っているものであるという視点から会話を分析しはじめた．ここから言語運用の問題を包括的に扱える可能性をもったはじめての理論として Grice（1967, 1975, 1988）に代表される，**会話仮説理論**（conversational hypothesis theory）が始まった．

　論理学では，〜，∧，∨，⊃，∀x, ∃x, ix などの**論理結合子**（logical operator）と，それに類似あるいは対応しているとされる自然言語の表現 not, and, or, if...then, all, some (at least ...), the とは，意味の相違があるのは当然だと従来から考えられてきていた．なぜならば，形式論理学者は，論理体系の構築のためや，科学の基礎のために，曖昧性のない理想言語としての形式言語を必要とし，妥当な推論のきわめて一般的なパターンを定式化する仕事をしているから，自然言語との意味の違いがあるのは当然だと考えていたからである．

　それに対して，グライスは，そもそも，自然言語と形式言語に「意味の相違が存在する」という前提が間違っているのだ，そして，その間違いは，会話を支配している条件の性質と重要性に十分注意を払っていないからだ，と考えた．つまり，グライスは，論理学の言語に対して与えられる意味論が自然言語の意味論の中核にあるのだと考えたのである．

　たとえば，∧という論理結合子を表しているような自然言語の単語 and は，その単語としての意味は，論理結合子∧の意味だけであり，一見それ以外にもある

ような意味は，何らかの含意によるものであり，それがはっきりわからないのは会話を成り立たせている一般的な条件などがまだわからないからだというわけである．そこでグライスは，まず，会話というのは文字通りの意味だけでなく会話参加者がさまざまな推論を働かせてコミュニケーションが成り立っているものであるということから分析を始める．グライス（Grice 1967, 1975, 1988）の挙げている次の例をみてみよう．

(4) ある人 A さんが B さんに共通の友人で銀行員である C さんのことで, C さんの仕事ぶりを尋ねた．B さんが次のように答える．
"Oh, quite well, I think ; he likes his colleagues, and he hasn't been to prison yet."
(「ああ，うまくいっていると思う．同僚は気に入っているし，まだ刑務所には入っていないしね．」)

ここで，A さんは，「それはどう意味？」と当然聞きたくなる．つまり，B さんの発言から，C さんは誘惑に駆られてお金に関する悪いことをしそうな人だ，というようなことが意味，あるいは示唆，言い換えるなら，含意されていると考えられる．これらの意味は，B さんがいった he hasn't been to prison yet.（彼はまだ刑務所には入っていない）という文字通りの話し手がいったことの意味とは違う．グライスはこれを，日常的に使われる「ほのめかす・暗に示す・含意する」の imply と区別される専門用語としての implicate（含意する）から造語して，**含意**（implicature）と名づけた．この含意は，

(5) a. $P \land Q \supset P$　　(P かつ Q が真ならば P も真)
　　b. $P \to Q$　　　　(P ならば Q が真)
　　　　P　　　　　　(P が真)
　　　―――――――――――――――――
　　∴ Q　　　　　　(ゆえに Q が真)

といった論理学における**論証的推論**（demonstrative inference）ではなく，**非論証的推論**（non-demonstrative inference）によって導き出された含みである．

グライスは，すると，**発話の意味内容全体**（total content of an utterance）は，**話し手が言ったこと・言われていること**（what the speaker said/what is said）と**話し手が含意したこと・含意されていること**（what the speaker implicated/what is implicated）から成り立っており，さらに，含意には，(言語)**慣習的含意**（conventional implicature）と**会話の含意**（conversational implicature）から成り立っているとした．図示するならば次のようになる．

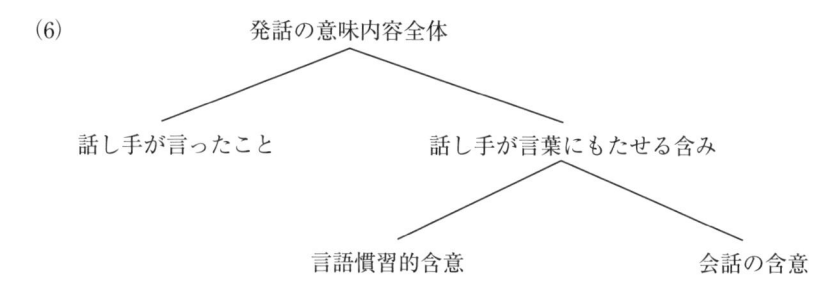

(6)　　　　　　　　発話の意味内容全体
　　　　　／　　　　　　　　　　＼
　　話し手が言ったこと　　　話し手が言葉にもたせる含み
　　　　　　　　　　　　　　　／　　　　　＼
　　　　　　　　　　言語慣習的含意　　　　会話の含意

言語慣習的含意は，真理条件には関わらないが語や表現が固有の意味の一部として帯びる語用論的含意のことで，以下に説明するが，第4章で紹介された（意味論的）**含意**（(semantic) entailment）とは異なることに注意する必要がある．

　言語慣習的含意の具体例をみてみよう．次の文で，(7a) の but は，(7c) のような言語慣習的含意をもっているという．

(7) a. John is an Englishman, but he is cowardly.（(7c) の言語慣習的含意がある）
　　　（ジョンはイギリス人だが臆病だ．）
　　b. John is an Englishman, and he is cowardly.（(7c) の含意なし）
　　　（ジョンはイギリス人で臆病だ．）
　　c. John's being cowardly is somewhat unexpected or surprisingly in light of his being English.
　　　（ジョンが臆病であることは，彼がイギリス人であることから考えると多少予測されないあるいは驚くべきことだ．）

(7a) と (7b) は真理条件は同じで，どちらも P∧Q という論理形式で表される．しかし (7a) は (7c) を含意するが，(7b) は (7c) のような含意をもたない．(7c) で表されているのは but の「そして予測されないことだが/驚くべきことに」（and unexpectedly/surprisingly）というような意味で，対比（contrast）や逆接（adversativeness）の意味ともいわれるが，これは，真理条件に関わらないけれども but という語が帯びている言語慣習的含意である．つまり，簡略に表現するなら，

(8) and のもつ∧の論理的意味＋対比/逆接の言語慣習的含意＝but の意味

ということになる．

　さらに therefore の意味についても Grice (1967, 1975, 1988) から紹介する．

(9) a. He is an Englishman ; he is, therefore, brave.
　　　（彼はイギリス人で，だから勇敢だ．）

> **コラム 11 ●真理表**
>
> 　形式論理学では，P, Q などの命題とそれらが論理結合子で結合された複合命題の真理値は真理表（truth table）と呼ばれる一覧表にして示される．たとえば，右のように∧で結合された複合命題は，P と Q の下にそれぞれの真（T）または偽（F）の真理値が示され，∧の下に複合命題 P∧Q 全体の真理値が示される．表から，∧の意味は左右の命題が両方とも真のとき全体が真になるという真理条件をもっていることがわかる．
>
> | P | ∧ | Q |
> |---|---|---|
> | T | T | T |
> | T | F | F |
> | F | F | T |
> | F | F | F |
>
> 　(7a) は but が使われているが，真理条件に関しては，but も and もどちらも同じ∧の真理条件をもっているとグライスはいっているわけである．

　　　b. He is an Englishman.（彼はイギリス人だ．）
　　　c. He is brave.（彼は勇敢だ．）
　　　d. (9c) is the consequence of (9b)．(9b) から (9c) が帰結する．
(9a) の文は，(9b, c, d) という 3 つの意味部分からなっているとしている．グライスは，ここで (9b) と (9c) は話し手が言ったことであるが，(9d) は話し手が言ったことではなく，therefore という単語の言語慣習的含意であるという．その根拠は，(9d) の意味は (9a) の文全体の真理条件に関係ないからであるとしている．つまり，(9) の文全体の真理値は，∧の複合命題の場合と同様に，(9b) と (9c) の両方の文が真であれば真となり，(9b) または (9c) のどちらかまたは両方が偽であれば，偽となる．ここで話し手は「もしも彼がイギリス人ならば，彼は勇敢だ」ということを**話し手が言ったこととして**発話したのではないのである．すなわち，therefore は，文の真理条件に関知せず，(9d) の「(9b) から (9c) が帰結する」は，therefore の言語慣習的含意にすぎないとグライスはいう．簡略化して表現するなら，

　(10) and のもつ∧の論理的意味＋帰結の言語慣習的含意＝therefore の意味

ということになる．

　では，but や therefore と同じ∧の意味をもっている and 自身のさまざまな意味はどうなるのであろうか．実は and のさまざまな意味も中核にある論理的意味は∧であり，言語慣習的含意の有無やその意味によってさまざまに呼ばれているが，

そのいくつかを紹介してみる．

(11) 対称的 and
　　a. Raf drank whiskey and Ken fell down.
　　b. Ken fell down and Raf drank whiskey.

この and には特に何らかの含意がないため，対称的（symmetric）and と呼ばれている．

(12) 時間的 and
　　a. Mary married John and Mary became pregnant.
　　b. Mary became pregnant and Mary married John.

この and は左右の命題を P, Q とすると，P and then Q という P が成立してから Q が成立するという言語慣習的含意があるので，時間的（temporal）and と呼ばれている．

(13) 結果的 and
　　a. Brian fell over and broke his leg.
　　b. Brian broke his leg and fell down.

(13a) はブライアンが倒れた結果足を折ったのに対して，(13b) はブライアンが足を折った結果倒れている．つまり，原因 and 結果と解釈されているので，結果的（resultative）and と呼ばれている．このように，and には文脈に応じて，いくらでも他の意味をもった and があるわけで，これらの and の意味をいちいち and の多義的な意味だと捉えていたら，他にもさまざまの文脈でさまざまに解釈される可能性があって，きりがない分析になってしまう．このような多義性は，やはり語用論的な性質のものであると考えられる．これは，Grice (1978) で明言されているが，意味論は単純にし，語用論をできるだけ働かせるのだという考え方に基づいている．

では次に，(6) の会話の含意とはどのような含意であろうか．会話の含意は単語の意味ではなく，本質的に，談話のもつある一般的な特徴とつながりを持っている含意で，談話を支配している規則のようなものを守るあるいは利用することから出てくるものであるとされている．言葉のやりとりは，少なくともある程度まで，話し手・聞き手の間の協調関係があってはじめて成立するものである．これをグライスは，**協調の原理**（Cooperative Principle）と呼んでいる．

(14) Cooperative Principle（協調の原理）
　　 Make your contribution such as required, at the stage at which it occurs, by the accepted purpose or direction of the talk exchange in which you are engaged.
　　 （会話のそれぞれの段階で，自分が参加している会話のやりとりが目指している目的・方向によって必要とされるような貢献をしなさい．）

これは具体的には，次のような4つの範疇に分けられる**会話の格律**（conversational maxims）という決まりがあって，誰しも暗黙のうちにこのような決まりを守って会話は成立しているのだという．はじめの3つは内容について，最後の様態はいい方に関する決まりである．

(15) The Maxim of Quality（質の格律）
　　 try to make your contribution one that is true, specifically：
　　 （会話に対する自分の貢献を真実のものたらしめること．特に：）
　　 a. do not say what you believe to be false
　　　 （偽と信じていることを言わないこと）
　　 b. do not say that for which you lack adequate evidence
　　　 （十分な証拠のないことを言わないこと）
(16) The Maxim of Quantity（量の格律）
　　 a. make your contribution as informative as is required for the current purposes of the exchange
　　　 （会話のやりとりで当面の目的となっていることに必要とされるだけの情報を提供するように心がけること）
　　 b. do not make your contribution more informative than required
　　　 （必要以上に多くの情報を提供しないこと）
(17) The Maxim of Relation（関連性の格律）
　　 make your contribution relevant
　　 （自分の貢献を関連性にあるものにすること）
(18) The Maxim of Manner（様態の格律）
　　 be perspicuous, and specifically ;
　　 はっきりと明確に言うこと．特に，
　　 a. avoid obscurity（不明瞭な表現を避けること）
　　 b. avoid ambiguity（あいまいさ（二義性・多義性）を避けること）
　　 c. be brief (avoid unnecessary prolixity)　短く言うこと（余計な言葉を使わないこと）

d. be orderly（順序よく言うこと）

普段これらの格律は守られており，守られることによって会話の含意が生じることもあるが，多くの場合これらの格律を破ることによって何らかの会話の含意が生じる．どんな会話の含意が生じてくるのか，具体的な例（Culpepper and Schauer 2009）を4つみてみる．

(19) [Victor has been buried up to his neck in the back garden by an irate builder. His wife, Margaret, comes out and sees him.]
　　[ビクターは怒った建築業者に裏庭で首まで埋められてしまっている．そこに妻のマーガレットがやって来て彼の様子をみる]
　　M：What are you doing?（何をやってるの．）
　　V：I'm wallpapering the spare bedroom…
　　　　（予備の寝室に壁紙を貼ってるところだよ…）

(*One Foot in the Grave*, BBC 12/11/1996)

(19)はBBCの喜劇の1シーンだが，ここでビクターは明らかに(15)の質の格律を破っている．ここでビクターの発話からは，状況は明白で自分は何もやっていないどころか，どうしたらいいか途方に暮れているという会話の含意が読みとれる．

(20) [A, sensitive about his lack of progress in Italian, has just returned from an Italian evening class. B is his wife.]
　　[Aは，イタリア語の勉強が進んでいないことを気にしながら，イタリア語の夕方のクラスからちょうど帰宅したところである．BはAの妻である．]
　　B：What did you do?（どうだった．）
　　A：This and that.（あれこれさ．）

ここでAは(16)の量の格律を破っている．妻の問いにもっと詳しい話をしてもいいところなのに，そっけない返事をしている．妻はAが夕方イタリア語のクラスに行っていることを知っていると思われるので，Aのそっけない返事からは，それは今自分は話したくない話題なのだという会話の含意が読みとれる．

(21) [A is working at a computer in library when she experiences a problem.]
　　[Aが図書館のコンピュータで仕事をしているときに問題が起きた．]
　　A：Can you help me?（ちょっと助けてくれない．）
　　B：Try the librarian.（図書館の人に聞いてみたら．）

ここではBは，(17)の関連性の格律を破ってAの問う疑問文に直接答えていな

い．「図書館の人に聞いてみたら」という返答からは，Aの助力の求めに対する答えはノーであるという会話の含意が読みとれる．

(22) [E adores strawberries, and would willingly base her diet entirely on them. A and B, her parents, aim to restrict how frequently she eats them. A addresses B, with E in earshot.]
[EはイチゴがF大好きで，食事は全部イチゴにしてもいいぐらいに思っている．AとBはEの両親でEがイチゴを食べる頻度を制限したいと思っている．AはEの耳に聞こえる範囲でBに話しかける．]
A: Shall I get the you-know-whats out of the fridge?
(冷蔵庫の例のあれ取ってこようか．)

ここでは，Aは冷蔵庫から取ってくるもののことをはっきりと言っていない．つまり (19) の様態の格律を破っている．そこから the you-know-whats (例のあれ) はイチゴのことであるという会話の含意が読みとれる．

グライスが，意味を (6) のように捉えたことは，まさに 5.1 節で示したように，文や語句の意味は状況がわからない限りその最終的な意味全体はわからないものであり，同時に含意が文脈や状況によって左右される以上，どんな文や語句にも1つ以上の解釈があることも示唆している．言い換えるなら，グライスの提起した会話仮説理論は，第1に，使用されている語の意味という真理条件的意味だけでなく，言語慣習的含意や協調の原理とその格律，発話の言語的文脈あるいは状況の背景的知識といった語用論的要因が会話において重要な役割を果たしていること．第2に，これらのすべての項目が，話し手・聞き手両方が承知していて，両方ともそうだということを知っているということを前提にして，推論によって話し相手の意図に関する仮説を立てながら相手の意図を解釈しているということである．このように，コミュニケーションには破ることもできる協調の原理とその格律，言語的のみならず非言語的文脈，背景的知識といった要素が関与しており，どんな文の解釈にも**不確定性** (indeterminacy または underdeterminacy) があって，コミュニケーションはリスクを伴いながらも互いに相手の意図を解釈しながら行われているものであるということが示されたのである．この点で，グライス (Grice 1967, 1975, 1988) は，画期的な語用論研究となった．このことは，1つの文の最終的な1つの解釈にたどり着いたとしても，つねに他の解釈の可能性があることを許すような理論でなければ，正しい語用論の理論とはいえないとい

うことも示している．そして，この点では現代の語用論学者の意見は一致している．

グライスに始まった会話仮説理論は意味論にも語用論にもさまざまに大きな影響を及ぼした．その1つはホーンの**数量詞**（quantifier）や**尺度的表現**（scalar expression）の間の論理的関係や前提や会話の含意に関する研究（Horn 1972, 1989）であり，この研究は語句の意味の研究に深く関わっている．また，もう1つの無視できない研究が Brown and Levinson（1987）に代表される**ポライトネス**（politeness）研究である．以下では，ポライトネス研究を簡単に紹介する．

5.1節の図1でみたように，語用論がある状況における発話の意味を問題にする以上，話し手と聞き手（さらにその場にいない第三者）の人間関係と密接に関わる言語表現の研究も語用論の重要な研究対象となる．Brown and Levinson（1987）は，社会学者のゴフマン（Goffman 1967）が導入した**フェイス**（face，面子）という概念を利用し，どんな言語や文化をもつ社会でも，誰しも自己の社会的イメージであるフェイスを保ちたいと思うことを基盤として，普遍的なポライトネス理論を立てようとした．このポライトネス理論ではグライスの協調の原理や会話の格律も巧みに利用されている．たとえば，会話において，話し手も聞き手もフェイスを保ち，傷つけたくない，傷つけられたくないと思うことから，(15)〜(18)の会話の格律は，破るというより，緩和される場合があるのである．以下にそれぞれの格律に関わる具体例を挙げる．

(23) a. 質の格律緩和表現

話し手が自分の発話の真理性について100％の責任がないことを示す表現の例

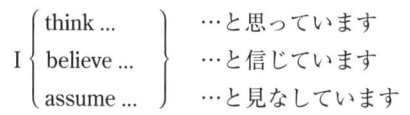

I { think ...　　…と思っています
　　believe ...　…と信じています
　　assume ... 　…と見なしています }

b. 量の格律緩和表現

話し手が聞き手が期待するほど十分または正確な情報が与えられているわけではないことを示す表現の例

roughly/more or less/approximately/give or take a few/or so
ざっと/多かれ少なかれ/おおよそ/2〜3の違いはあるにせよ/〜かそこらで

c. 関連性の格律緩和表現

話題の変更は聞き手のフェイスに対する負担になるため，話し手が部分的

におわびしながら話題を変更する緩和表現の例

This may not be { relevant, appropriate, timely, } but ...

これは { 関係は 適切では いいタイミングでは } ないかもしれませんが，…

d. 様態の格律緩和表現
話し手がはっきりいうことが聞き手のフェイスを傷つける可能性がある場合，それを和らげる表現の例

if you see what { I'm getting at. I'm driving at. I mean. }

私の { いおうとしていること いわんとしていること いいたいこと } がわかっていただけるなら

このような Brown and Levinson（1987）のポライトネス理論は，その後さまざまな言語への応用研究もされながらさまざまな批判もされているが，現在でもポライトネス研究の基礎としての役割を果たしている．

5.4 関連性理論

グライスの会話仮説理論が画期的な語用論研究となったといえるのは，それが Sperber and Wilson（1986）に始まる**関連性理論**（relevance theory）の母体になったからともいえる．関連性理論は，グライスの理論に刺激されて登場した理論であるが，本質的に，言語学の枠組みを超えた認知科学の理論である．関連性理論では，下記にまとめた，**関連性**（relevance），**関連性の認知原則**（cognitive principle of relevance），**関連性の伝達原則**（communicative principle of relevance），**最適の関連性の見込み**（presumption of optimal relevance）と呼ばれる諸原則から，人間の認知やコミュニケーションの根本原理は関連性の追求であり，話し手と聞き手の会話の目的はコミュニケーションの達成，つまり最適の関連性の伝達であると考える．

(24) 関連性
    a. 他の点が同じであれば，文脈効果が高ければ高いほど情報の関連性は高い．
    b. 他の点が同じであれば，処理労力が低ければ低いほど情報の関連性は高い．
(25) a. 関連性の認知原則
      人間の認識は関連性を最大限にするようにできている．
    b. 関連性の伝達原則
      発話その他すべての意図明示的伝達行為は，それ自身の最適の関連性の見込みを伝達する．
(26) 最適の関連性の見込み
    a. 意図明示的刺激は受け手がそれを処理する労力に見合うだけの関連性がある．
    b. 意図明示的刺激は伝達者の能力と優先事項に合致する最も関連性のあるものである．

(24)でいわれている文脈効果とは，話し相手の発話であれ，外界から得られることから頭の中で思うことであれ，新情報が得られる場合，既存の想定が正しいものと強化される場合，既存の情報が誤っていたものとして排除される場合，あるいは，不必要な処理労力がかからない場合のいずれかの場合，文脈効果があるとされる．すなわち，ここでいう関連性とはグライスの (17) の関連性の格律のみならず，(16) の量の格律と (18) の様態の格律まで包摂している認知概念といえる．(25a) の関連性を最大限にするようにできているという認知原則は，人間の**意図明示的推論的伝達**（ostensive-inferential communication）全般の性質であり，グライスが考えたような話し手と聞き手の間の談話であろうと，想定と外界から得た情報によって生じた推論であろうと目線や指さしや目配せやジェスチャーなどの**パラ言語学的**（paralinguistic）行為であろうと，とにかく相手に意図を理解してもらおうとする行為で成り立つ原則である．(25b) の関連性の伝達原則は (26) の最適の関連性の見込みによって，どんな発話も発話でないコミュニケーションも，必ず話し手と聞き手に見合った最適の関連性をもっているものと想定しながらなされ，それは人間の認識がつねに関連性を最大限にしようと働いている原則があるからだということを述べている．

  関連性理論が既存の理論より優れた説明を与えることができる語用の1つが 5.1 節の⑤の疑問に関わる well などの談話標識の研究である．関連性理論の登場以前は，well はシフリンを代表とする**談話分析**（discourse analysis）派（Schiffrin

1985, 1987）によって，well は，話題の方向づけが変わったり，前の話題に戻ったりなど，直前の談話から何らかの**首尾一貫性**（coherence）に欠ける発話をこれからすることをあらかじめ伝える働きをしていると分析されている．対応する日本語は，「あのー，んー，えーっと，いやー，ええー，まあー」や「そうねえ，そうだね」などさまざまな日本語のつなぎ語に対応しているが，これらは，短いきっぱりしたいい方ではなく，「ー」や「う」や「ん」で表記され，少なくとも 1 拍分の長母音や撥音（［N］）を使うことで，直前の発話との区切れや断絶を**類像的**（iconic）に示しているといえる．実は，短いきっぱりしたいい方をすることは英語であれ日本語であれ，直前の談話にぴたりと首尾一貫していることを伝えてしまうので，そのような場合には well の使用は不適切になってしまうわけである．5.1 節の（1）（2）をみてもこの分析自体に問題はないように思われる．ところが，反対に，下記のように疑問も応答も首尾一貫性の観点からまったく適切であるのに well が使われている場合があることをブレイクモアは指摘している（Blakemore 2002）．

(27) A：Would you like to stay to dinner?
B：Well, that would be lovely. Are you sure?

ここで，A の「夕食までここにいらっしゃいますか」という質問に，B は「いやー，それはいいな．ほんとにいいの」と答えている．首尾一貫性の観点からまったく問題ない会話であるが，well が使われている．このような談話分析派にとって問題となる例について，関連性理論派のブレイクモアは，(26b) の「意図明示的刺激は伝達者の能力と優先事項に合致する最も関連性のあるものである」という最適の関連性の原則から，もてなしてくれている A にさらに出しゃばって負担を押しつけたくないという優先事項に合致するように，自分の応答を解釈してほしいという B の well の使用動機があると説明している．

談話分析派がうまく説明できないもう 1 つの使用例は，談話冒頭の well である．談話分析派は談話の首尾一貫性を原則としているため，well の発話の前に何の談話もない，文字通りの談話冒頭でも well が使えることを説明できない．

(28) Well, what would you like to do today?（さて今日はどうしたいかな．）
(29) Well, as you all know, our guest speaker today is...
（さて，皆さんご承知のように本日のゲスト・スピーカーは…）

(28) は教室に入ってきた教師が学生に話し始める発話である．(29) は聴衆に対

して司会者が話し始める講演会冒頭の発話である．これらには先行する談話はない．(28) と (29) については，(26) の原則から，話し手は，聞き手は話し手が意図した文脈効果を推論できないかもしれないが，well がその後の発話が関連性のあるものであるということを示すのに使っているという説明ができる．ただし，対応する日本語は「さて，では」といったものが考えられ，談話途中の well とは談話上の働きが異なっていて，日本語のつなぎ語とは種類がやや違うのではないかと思われる．

　ここまで見てきたように，生成文法中心の時代にはくずかご扱いされていた語用論は，1960 年代半ばから 1980 年代の会話仮説理論，チョムスキーの語用論的言語能力の認知，1980 年代半ばからの関連性理論という大きな節目を経て，今後いっそう大きな展開が予想され，今まで以上に言語学の各分野の中で重視され，また言語学の垣根を超えて認知科学全体に関わってくることは間違いない．それによって語用論の全体像もさまざまに変化していくと思われるが，本章が，語用論理解の入口として，多少なりとも，役立てば幸いである．

より深く勉強したい人のために

- 高橋潔・西原哲雄（共著）(2011)『教養のための言語学』晃学出版．
- 西原哲雄・松原史典・南條健助（共編）(2005)『ことばの仕組み—最新英語言語学入門—』金星堂．

　これらは簡便な語用論の入門書である．本書の序章の観点でもあるが，そもそも西洋を中心とした現代の言語学が全体としてどのように発展してきたのかを大きく捉える俯瞰的な視点が個々の言語学の分野を理解するうえでも必要不可欠である．そのような視点から，まず，『教養のための言語学』を読んでから『ことばの仕組み—最新英語言語学入門—』を読んだ方が語用論を理解するうえでもわかりやすい．

- 今井邦彦（編），ディアトリ ウィルソン・ティム ウォートン（著）(2009)『最新語用論入門 12 章』大修館書店．

　これは関連性理論の創始者ウィルソンと弟子のウォートンが書いたロンドン大学の内部用教科書の一部を編集・翻訳したもので，原文の教科書はインターネットからダウンロードすることができる．関連理論に関する最新の日本語訳文献である．

- Schourup, Laurence・和井田紀子 (1988)『English Connectives 談話のなかでみたつなぎ語』くろしお出版．

　種々の談話標識についての語法研究のための教科書（入門書）である．各章末に日

本語の要約があるのが親切である．

演習問題

1. チョムスキーが言語能力と言語運用を区別するために，言語運用上の問題としてどのような例を挙げていたか指摘せよ．
2. 関連性理論はグライスの会話仮説理論から大きな影響を受けて発生している．そもそもグライスの理論はそれ以前の語用論とどんな点で大きく違うのか，語用論の概説書を読んで簡潔にまとめよ．

文　献

今井邦彦（編），ディアトリ・ウィルソン，ティム・ウォートン（著）(2009)『最新語用論入門12章』大修館書店．

西原哲雄・松原史典・南條健助（共編）(2005)『ことばの仕組み―最新英語言語学入門―』金星堂．

高橋潔(1999)「日本文化キーワード概念にからむ語用論」『社会言語科学』1(2): 2-12.

高橋潔・西原哲雄(2011)『教養のための言語学』晃学出版．

Allwood, Jens, Lars-Gunnar Andersson and Östen Dahl (1977) *Logic in Linguistics*, Cambridge: Cambridge University Press.（公平珠躬・野家啓一（訳）(1979)『日常言語の論理学』産業図書）

Austin, John (1962) *How to do Thing with Words*, Cambridge, MA: Harvard University Press.（坂本百大（訳）(1978)『言語と行為』大修館書店）

Blakemore, Diane (2002) *Relevance and Linguistic Meaning*, Cambridge: Cambridge University Press.

Brown, Penelope and Stephen Levinson (1987) *Politeness: Some Universals in Language Use*, Cambridge: Cambridge University Press.（田中典子（監修・翻訳），斉藤早智子・津留毅・鶴田庸子・日野壽憲・山下早代子（訳）(2011)『ポライトネス―言語使用における，ある普遍現象―』研究社）

Chomsky, Noam (1965) *Aspects of the Theory of Syntax*, Cambridge, MA: MIT Press.（安井稔（訳）(1970)『文法理論の諸相』研究社）

Chomsky, Noam (1977a) "Introduction" in Chomsky (1977b): 1-21.

Chomsky, Noam (1977b) *Essays on Form and Interpretation*, New York: North-Holland.（安井稔（訳）(1982)『形式と解釈』研究社）

Chomsky, Noam (1980) *Rules and Representations*, New York: Columbia University Press.（井上和子・神尾昭雄・西山佑司（共訳）(1984)『ことばと認識：文法からみた人間知性』大修館書店）

Cole, Peter (ed.) (1978) *Syntax and Semantics, vol. 9: Pragmatics*, New York: Academic Press.

Cole, Peter and Jerry Morgan (eds.) (1975) *Syntax and Semantics 3: Speech Acts*, New York: Academic Press.

Culpepper, Jonathan and Gila Schauer (2009) "Pragmatics," in Culpepper, Katamba, Kerswill, Wodak and McEnery (eds.) (2009): 202-220.

Culpepper, Jonathan, Francis Katamba, Paul Kerswill, Ruth Wodak and Tony McEnery (eds.) (2009) *English Language: Description, Variation and Context*, Basingstoke: Palgrave Macmillan.

Fodor, Jerry and Jerrold Katz (eds.) (1964) *The Structure of Language*, Englewood Cliffs, New Jersey: Prentice-Hall.

Goffman, Erving (1967) *Interaction Ritual: Essays on Face-to-Face Behaviour*, Harmondsworth: Penguin Books. (浅野敏夫 (訳) (2002)『儀礼としての相互行為―対面行動の社会学―』法政大学出版局)

Grice, Paul H. (1967) *Logic and Conversation*, Unpublished Manuscript, from the William James Lectures, 1967, Cambridge, MA: Harvard University.

Grice, Paul (1975) "Logic and Conversation," in Cole and Morgan (eds.) (1975): 41-58. Reprinted in Grice (1989): 22-40.

Grice, Paul (1978) "Further Notes on Logic and Conversation," in Cole (ed.) (1978): 113-128.

Grice, Paul (1989) *Studies in the Way of Words*, Harvard University Press. (清塚邦彦 (訳) (1998)『論理と会話』勁草書房)

Horn, Lawrence (1972) *On the Semantic Properties of Logical Operators in English*, Ph.D. disseratation, University of Califonia, Los Angels. Reproduced by Indiana University Linguistics Club, 1976.

Horn, Lawrence (1989) *A Natural History of Negation*, Chicago: The University of Chicago Press.

Huxley, Renira and Elisabeth Ingram (eds.) (1971) *Language Acquisition: Models and Methods*, New York: Travistock.

Hymes, Dell (1971) "Competence and Performance in Linguistic Theory," in Huxley and Ingram (eds.) (1971): 3-28.

Hymes, Dell (1972) "On Communicative Competence," In Pride and Holms (eds.) *Sociolinguistics: Selected Readings*, Penguin Books.

Jacobs, Roderick and Peter Rosenbaum (eds.) (1970) *Readings in English Transformational Grammar*, Waltham, MA: Ginn and Company.

Katz, Jerrold and Jerry Fodor (1963) "The Structure of a Semantic Theory," *Language* **39**: 170-210. Reprinted in Fodor and Katz (1964): 479-518.

Pride, John and Janet Holms (eds.) (1972) *Sociolinguistics: Selected Readings*, Harmondsworth: Penguin Books.

Ross, John (1970) "On Declarative Sentences," in Jacobs and Rosenbaum (eds.): 222-272.

Schiffrin, Deborah (1985) "Conversational Coherence: The Role of *well*," *Language* **61**: 640-667.

Schiffrin, Deborah (1987) *Discourse Markers*, Cambridge: Cambridge University Press.

Schourup, Laurence・和井田紀子 (1988)『English Connectives 談話のなかでみたつなぎ語』くろしお出版.

Searle, John (1969) *Speech Acts: An Essay in the Philosophy of Language*, Cambridge: Cambridge University Press.（坂本百大・土屋俊（訳）(1986)『言語行為：言語哲学への試論』勁草書房）

Sperber, Dan and Deirdre Wilson (1986/1995) *Relevance: Communication and Cognition*, London: Blackwell.（内田聖二・中逵俊明・宋南先・田中圭子（訳）(1993/1999)『関連性理論：伝達と認知（初版・第二版）』研究社）.

索　引

▶欧　文

BE 上昇変形(BE-raising)　82
c 統御(c-command)　73
D 構造(D-structure)　79
S 構造(S-structure)　79
Wh 移動変形(Wh-movement)　79
X バー統語論(X'-syntax)　87

▶あ　行

明るい音色の l(clear l)　9
アクセント　34

イェルムスレフ(Hjelmslev, L.)　4
異音(allophone)　10, 19
異形態(allomorphy)　48
一般音声学(general phonetics)　11
意図(intention)　126
意図明示的推論的伝達(ostensive-inferential communication)　141
異分析(metanalysis)　58
意味カテゴリー(semantic category)　99
意味能力(semantic competence)　129
意味論(semantics)　94
(意味論的)含意((semantic) entailment)　98, 133
インターフェイス(interface)　40
インド・ヨーロッパ語族(Indo-European languages)　1
インド・ヨーロッパ祖語(proto-Indo-European)　1
韻律(prosody)　5
韻律音韻論(Metrical Phonology)　16
韻律グリッド(metrical grid)　34
韻律樹形図(metrical tree)　34

上田萬年　2

英語教育　118

応用音声学(applied phonetics)　11
落ち(punch line)　125
音響音声学(acoustic phonetics)　11
音声学(phonetics)　2
音声的類似(phonetic similarity)　14
音節(syllable)　10
音素(phoneme)　2, 10

▶か　行

外在的順序づけ(extrinsic ordering)　21
外心複合語(exocentric compound)　47
階層構造　49
下位範疇化素性(subcategorization feature)　77
会話仮説理論(conversational hypothesis theory)　131
会話の格律(conversational maxims)　136
会話の含意(conversational implicature)　132
会話の論理(logic of conversation)　130
核強勢規則(nuclear stress rule: NSR)　46
カザン学派(Kazan school)　2
頭文字語(acronym)　58
仮説(hypothesis)　131
含意(implicature)　132
関係(relation)　3
間主観化(intersubjectification)　115
間投詞(interjection)　124
簡略表記(broad transcription)　16
関連性(relevance)　140
　──の伝達原則(communicative principle of relevance)　140
　──の認知原則(cognitive principle of relevance)　140
関連性理論(relevance theory)　140

記号(sign)　2
記号論(semiotics)　2
記述(description)　126
規則屈折接辞　50

基底表示(underlying representation)　21
機能的形態素(functional morpheme)　41
機能的構造主義(functional structuralism)　4
機能範疇(functional categories)　41
義務的(obligatory)　68
逆成(back formation)　58
客観主義的意味観(objectivism)　95
旧情報(old information)　125
共時性(synchrony)　3
強弱リズム　47
強勢(stress)　10
協調の原理(Cooperative Principle)　135
虚構移動(fictive motion)　101
切り取り(truncation)　48

句構造(phrase structure)　67
句構造規則(phrase structure rules)　67
屈折形態論(inflectional morphology)　39-40
屈折接辞(inflectional affix)　41
屈折接尾辞(inflectional suffix)　44
句範疇(phrasal category)　82
暗い音色のl(dark l)　9
クラスI接辞(class I affix)　47
クラスII接辞(class II affix)　47
繰り返し性(recursiveness)　45

傾向(tendency)　45
経済性(economy)　14
形式(form)　3
形態素(morpheme)　30, 40
形態的下位範疇　49
形態論(morphology)　39
形容詞句(Adjective Phrase)　70
言語運用(linguistic performance)　128
(言語)慣習的含意(conventional implicature)　132
言語使用域(register)　27
言語能力(linguistic competence)　128
言理学(glossematics)　4

語(word)　39
語彙音韻論(lexical phonology)　48
語彙化(lexicalization)　51
語彙化パターン　104
語彙機能文法(lexical functional grammar)　5
語彙的形態素(lexical morpheme)　41

語彙的多義性(lexical ambiguity)　70
語彙範疇(lexical category)　41, 82
合成語(complex word)　39
構造記述(structural description)　15
構造重視機能論　5
構造主義言語学(structural linguistics)　2
構造的多義性(structural ambiguity)　70
構造変化(structural change)　16
拘束形態素(bound morpheme)　41
交替の条件(alternation condition)　21
喉頭音(laryngeal)　2
構文の意味(constructional meaning)　108
構文文法(construction grammar)　6
声の出だしの時間(voice onset time: VOT)　24
語幹(stem)　39
語基(base)　39
語形成(word formation)　40
語形成規則(word-formation rules)　40
語根(root)　39
個別言語(particular language)　1
コペンハーゲン学派　4
コミュニケーション能力(communicative competence)　129
語用論(pragmatics)　122
語用論的言語能力(pragmatic competence)　130
語用論的制御(pragmatic control)　125
混種語(hybrid word)　60
混成(blending)　59

▶さ 行

再帰代名詞　73
最小対立(minimal pair contrast)　14
最適性理論(optimality theory)　5, 21
最適の関連性の見込み(presumption of optimal relevance)　140
三音節母音弛み化規則(trisyllabic laxing)　48
サンスクリット語(Sanskrit)　1

子音(consonant)　10
子音群(consonant cluster)　28
視座　113
指示物(referent)　123
辞書(レキシコン)(lexicon)　40, 67
自然言語(natural language)　1
自然性の条件(naturalness condition)　22

実体(substance) 3
質問(asking) 126
指定部(specifier) 88
シニフィアン(signifiant) 2
シニフィエ(signifié) 2
支配 70
始発記号 88
島(island) 92
姉妹(sister) 70
自鳴音(sonorant) 18
社会言語学(sociolinguistics) 129
尺度的表現(scalar expression) 139
自由形態素(free morpheme) 41
修飾 70, 84
主観化(subjectification) 115
縮約(contraction) 80
主節(matrix clause) 81
主体化(subjectification) 114
首尾一貫性(coherence) 142
主要部(head) 51, 88
主要部移動制約(head movement constraint) 90
主要部駆動句構造文法(head-driven phrase structure grammar) 5
順序づけの仮説(ordering hypothesis) 49
順序づけの逆説(ordering paradoxes) 49
照応現象 72
状況(situation) 123
上昇変形(Raising) 81
省略(clipping) 60
自律分節音韻論(Autosegmental Phonology) 16
新情報(new information) 125
真理条件(truth condition) 126
真理条件的意味(truth-conditional meaning) 126
真理表(truth table) 134

随意的(optional) 68
推論(inference, reasoning) 131
推論的仮説形成(abduction) 11
数理音声学 11
数量詞(quantifier) 139
生成音韻論(generative phonology) 5, 21, 46
生成形態論(generative morphology) 48
生成文法(generative grammar) 5
精緻性(granularity) 112

生得説(innate hypothesis) 5
精密表記(narrow transcription) 15
声門音化(glottalization) 24
接辞(affix) 39
接続詞(conjunction) 70
絶対的中和 22
接頭辞(prefix) 39
接尾辞(suffix) 30, 39
ゼロ代名詞(zero pronoun) 124
ゼロ派生(zero derivation) 54
ゼロ派生接尾辞(0) 54
前提(presupposition) 115
専門マトリックス(disciplinary matrix) 12, 16
層(tier) 32
相互代名詞 73
相互的反義(reverse) 96
創造性 12
創発文法(emergent grammar) 6
相補分布(complementary distribution) 14
束縛理論 73
阻止(blocking) 57
ソシュール(Saussure, F.) 2

▶た 行

第 1 姉妹の原理(first sister principle) 57
体系文法(systemic grammar) 5
対照音声学(contrastive phonetics) 11
代名詞 73
多義(polysemy) 100
多義性(ambiguity) 70
弾音化(flapping) 24
単義(monosemy) 100
断言(assertion) 126
短縮(shortening) 59
単純語(simplex word) 39
談話機能重視論 6
談話標識(discourse marker) 127
談話分析(discourse analysis) 141
知覚音声学(perceptual phonetics) 11
中間の機能論 4
調音音声学(articulatory phonetics) 11
調音点(point of articulation) 17
調音点同化(assimilation of point of articulation)

10, 31
調音動作（articulatory gestures） 25
調音様式（manner of articulation） 17
聴覚音声学（auditory phonetics） 11
直示体系（deixis） 125
直接支配 70
チョムスキー（Chomsky, N.） 5

通時性（diachrony） 3
つなぎ語（link word） 124

転換（conversion） 103

同義表現（synonym） 94
頭子音（onset） 11
動詞由来複合語（verbal compound） 56

▶な 行
内在的順序づけ（intrinsic ordering） 21
内心複合語（endocentric compound） 47
仲間意識（solidarity） 125
軟口蓋音軟化（velar softening） 25

二義的な（ambiguous） 124
日常言語学哲学（ordinary language philosophy） 130
認知科学（cognitive science） 6
認知主義的意味観（cognitivism） 95
認知文法（cognitive grammar） 6

▶は 行
派生（derivation） 40-41
派生形態論（derivational morphology） 39
派生語（derivative word） 39, 47
派生接辞（derivational affix） 41
発語内的力（illocutionary force） 127
発話（utterance） 123
　　——の意味内容全体（total content of an utterance） 132
発話行為（speech act） 126
話し手が言ったこと（what the speaker said） 130
話し手が言ったこと・言われていること（what the speaker said/ what is said） 132
話し手が含意したこと・含意されていること（what the speaker implicated/ what is implicated） 132
話し手が言葉にもたせる含み（what the speaker implicated） 130
パーニニ（Panini） 1
場面のコンテクスト（context of situation） 5
パラ言語学的（paralinguistic） 141
パラメータ（選択変数） 53
パロル（parole） 3
反義語（antonym） 95
反対（contrary） 96
範疇（category） 42, 82
範疇化（categorization） 13

鼻音化（nasalization） 27
比較言語学（comparative linguistics） 1
非主要部 57
左側主要部 53
非論証的推論（non-demonstrative inference） 132

ファース（Firth, J.） 5
フェイス（面子）（face） 139
不確定性（indeterminacy/underdeterminacy） 138
不完全指定（Underspecification） 21
複合（compounding） 40
複合語（compound word） 39, 46-47
複合語強勢規則（compound stress rule: CSR） 46
複合名詞 46
普遍文法（universal grammar） 5
プラーグ学派（Prague school） 3
フランス・ジュネーブ学派（Franco-Geneva school） 4
フレーム（frame） 106
プロトタイプ（prototype） 99
文法（grammar） 1, 64, 75
文法的言語能力（grammatical competence） 130

並列複合語（coordinative compound） 47
変形（操作）（transformation） 79
編入（incorporation） 57
弁別素性（distinctive feature） 3

母音（vowel） 10
方言（dialect） 1

補部（complement） 87-88
補文（complement clause） 81
補文（complement） 116
補文化辞（complementizer） 88
ポライトネス（politeness） 139
ボリンジャー（Bolinger, D.） 6

▶ま 行

摩擦音化（spirantization） 30, 48
末尾子音（coda） 20

右側主要部規則（right-hand head rule: RHR） 52

矛盾（contradictory） 95
無声化（devoicing） 14

名詞句 46, 66
メタ言語（metalanguage） 10
メタファー（metaphor） 103
メトニミー（metonymy） 102

モーラ（mora） 59

▶や 行

ヤコブソン（Jakobson, R.） 3

融合（fusion） 33

有声化（voicing） 14
誘導 117

用法基盤的（usage-based） 6
浴槽効果（bathtub effect） 55

▶ら 行

ラング（langue） 3

離散無限性（discrete infinity） 12
理想化（idealization） 128
理念上の話し手・聞き手（ideal speaker/hearer） 128
両音節性（ambisyllabicity） 28
理論音声学（theoretical phonetics） 11
理論的構築物（theoretical construct） 67
理論負荷性（theory-ladenness） 11
臨時語 43
臨床音声学（clinical phonetics） 11

類像的（iconic） 142

歴史言語学（historical linguistics） 1
レキシコン（辞書）（lexicon） 40, 67

論証的推論（demonstrative inference） 132
論理結合子（logical operator） 131

英和対照用語一覧

言語学に関わるキーワードの英和対照一覧を作成した．

abduction	推論的仮説形成
acoustic phonetics	音響音声学
acronym	頭文字語
Adjective Phrase	形容詞句
affix	接辞
allomorphy	異形態
allophone	異音
alternation condition	交替の条件
ambiguity	多義性
ambiguous	二義的な
ambisyllabicity	両音節性
antonym	反義語
applied phonetics	応用音声学
articulatory gestures	調音動作
articulatory phonetics	調音音声学
asking	質問
assertion	断言
assimilation of point of articulation	調音点同化
auditory phonetics	聴覚音声学
Autosegmental Phonology	自律分節音韻論
back formation	逆成
base	語基
bathtub effect	浴槽効果
BE-raising	BE上昇変形
blending	混成
blocking	阻止
bound morpheme	拘束形態素
broad transcription	簡略表記
categorization	範疇化
category	範疇
c-command	c統御
class I affix	クラスI接辞
class II affix	クラスII接辞
clear l	明るい音色のl
clinical phonetics	臨床音声学
clipping	省略
coda	末尾子音
cognitive grammar	認知文法
cognitive principle of relevance	関連性の認知原則
cognitive science	認知科学
cognitivism	認知主義的意味観
coherence	首尾一貫性
communicative competence	コミュニケーション能力
communicative principle of relevance	関連性の伝達原則
comparative linguistics	比較言語学
complement	補部
complement	補文
complement clause	補文
complementary distribution	相補分布
complementizer	補文化辞
complex word	合成語
compound stress rule (CSR)	複合語強勢規則
compound word	複合語
compounding	複合
conjunction	接続詞
consonant	子音
consonant cluster	子音群
construction grammar	構文文法
constructional meaning	構文の意味
context of situation	場面のコンテクスト
contraction	縮約
contradictory	矛盾
contrary	反対
contrastive phonetics	対照音声学
conventional implicature	（言語）慣習的含意
conversational hypothesis theory	会話仮説理論
conversational implicature	会話の含意
conversational maxims	会話の格律
conversion	転換
Cooperative Principle	協調の原理
coordinative compound	並列複合語

dark l　暗い音色の l
deixis　直示体系
demonstrative inference　論証的推論
derivation　派生
derivational affix　派生接辞
derivational morphology　派生形態論
derivatiative word　派生語
description　記述
devoicing　無声化
diachrony　通時性
dialect　方言
disciplinary matrix　専門図式
discourse analysis　談話分析
discourse marker　談話標識
discrete infinity　離散無限性
distinctive feature　弁別素性
D-structure　D 構造

economy　経済性
emergent grammar　創発文法
endocentric compound　内心複合語
entailment　（意味論的）含意
exocentric compound　外心複合語
extrinsic ordering　外在的順序づけ

face　フェイス（面子）
fictive motion　虚構移動
first sister principle　第 1 姉妹の原理
flapping　弾音化
form　形式
frame　フレーム
Franco-Geneva school　フランス・ジュネーブ学派
free morpheme　自由形態素
functional categories　機能範疇
functional morpheme　機能の形態素
functional structuralism　機能的構造主義
fusion　融合

general phonetics　一般音声学
generative grammar　生成文法
generative morphology　生成形態論
generative phonology　生成音韻論
glossematics　言理学
glottalization　声門音化

grammar　文法
grammatical competence　文法的言語能力
granularity　精緻性

head　主要部
head movement constraint　主要部移動制約
head-driven phrase structure grammar　主要部駆動句構造文法
historical linguistics　歴史言語学
hybrid word　混種語
hypothesis　仮説

iconic　類像的
ideal speaker/hearer　理念上の話し手・聞き手
idealization　理想化
illocutionary force　発語内的力
implicature　含意
incorporation　編入
indeterminacy/underdeterminacy　不確定性
Indo-European languages　インド・ヨーロッパ語族
inference　推論
inflectional affix　屈折接辞
inflectional morphology　屈折形態論
inflectional suffix　屈折接尾辞
innate hypothesis　生得説
intention　意図
interface　インターフェイス
interjection　間投詞
intersubjectification　間主観化
intrinsic ordering　内在的順序づけ
island　島

Kazan school　カザン学派

langue　ラング
laryngeal　喉頭音
lexical ambiguity　語彙的多義性
lexical category　語彙範疇
lexical functional grammar　語彙機能文法
lexical morpheme　語彙の形態素
lexical phonology　語彙音韻論
lexicalization　語彙化
lexicon　辞書（レキシコン）
linguistic competence　言語能力

linguistic performance	言語運用	phonetics	音声学
link word	つなぎ語	phonetic similarity	音声的類似
logic of conversation	会話の論理	phrasal category	句範疇
logical operator	論理結合子	phrase structure	句構造
		phrase structure rules	句構造規則
manner of articulation	調音様式	point of articulation	調音点
matrix clause	主節	politeness	ポライトネス
metalanguage	メタ言語	polysemy	多義
metanalysis	異分析	pragmatic competence	語用論的言語能力
metaphor	メタファー	pragmatic control	語用論的制御
metonymy	メトニミー	pragmatics	語用論
metrical grid	韻律グリッド	Prague school	プラーグ学派
Metrical Phonology	韻律音韻論	prefix	接頭辞
metrical tree	韻律樹形図	presumption of optimal relevance	最適の関連性の見込み
minimal pair contrast	最小対立		
monosemy	単義	presupposition	前提
mora	モーラ	prosody	韻律
morpheme	形態素	proto-Indo-European	インド・ヨーロッパ祖語
morphology	形態論	prototype	プロトタイプ
		punch line	落ち
narrow transcription	精密表記		
nasalization	鼻音化	quantifier	数量詞
natural language	自然言語		
naturalness condition	自然性の条件	Raising	上昇変形
new information	新情報	reasoning	推論
non-demonstrative inference	非論証的推論	recursiveness	繰り返し性
nuclear stress rule (NSR)	核強勢規則	referent	指示物
		register	言語使用域
objectivism	客観主義的意味観	relation	関係
obligatory	義務的	relevance	関連性
old information	旧情報	relevance theory	関連性理論
onset	頭子音	reverse	相互の反義
optimality theory	最適性理論	right-hand head rule: RHR	右側主要部規則
optional	随意的	root	語根
ordering hypothesis	順序づけの仮説		
ordering paradoxes	順序づけの逆説	Sanskrit	サンスクリット語
ordinary language philosophy	日常言語学哲学	scalar expression	尺度的表現
ostensive-inferential communication	意図明示的推論的伝達	semantic category	意味カテゴリー
		semantic competence	意味能力
		(semantic) entailment	（意味論的）含意
paralinguistic	パラ言語学的	semantics	意味論
parole	パロル	semiotics	記号論
particular language	個別言語	shortening	短縮
perceptual phonetics	知覚音声学	sign	記号
phoneme	音素	signifiant	シニフィアン

signifié	シニフィエ
simplex word	単純語
sister	姉妹
situation	状況
sociolinguistics	社会言語学
solidarity	仲間意識
sonorant	自鳴音
specifier	指定部
speech act	発話行為
spirantization	摩擦音化
S-structure	S構造
stem	語幹
stress	強勢
structural ambiguity	構造的多義性
structural change	構造変化
structural description	構造記述
structural linguistics	構造主義言語学
subcategorization feature	下位範疇化素性
subjectification	主観化
subjectification	主体化
substance	実体
suffix	接尾辞
syllable	音節
synchrony	共時性
synonym	同義表現
systemic grammar	体系文法
tendency	傾向
theoretical construct	理論的構築物
theoretical phonetics	理論音声学
theory-ladenness	理論負荷性
tier	層
total content of an utterance	発話の意味内容全体
transformation	変形(操作)
trisyllabic laxing	三音節母音弛み化規則
truncation	切り取り
truth condition	真理条件
truth-conditional meaning	真理条件的意味
truth table	真理表
underlying representation	基底表示
Underspecification	不完全指定
universal grammar	普遍文法
usage-based	用法基盤的
utterance	発話
velar softening	軟口蓋音軟化
verbal compound	動詞由来複合語
voice onset time：VOT	声の出だしの時間
voicing	有声化
vowel	母音
what the speaker implicated	話し手が言葉にもたせる含み
what the speaker implicated/ what is implicated	話し手が含意したこと・含意されていること
what the speaker said	話し手が言ったこと
what the speaker said/ what is said	話し手が言ったこと・言われていること
Wh-movement	Wh移動変形
word	語
word formation	語形成
word-formation rules	語形成規則
X´-syntax	Xバー統語論
zero derivation	ゼロ派生
zero pronoun	ゼロ代名詞

編者略歴

西　原　哲　雄
(にしはらてつお)

1961年　大阪府に生まれる
1994年　甲南大学大学大学院人文科学研究科博士課程後期単位取得退学
現　在　宮城教育大学教育学部教授
　　　　文学修士

朝倉日英対照言語学シリーズ1
言語学入門

定価はカバーに表示

2012年4月10日　初版第1刷
2019年2月20日　　第5刷

編　者　西　原　哲　雄
発行者　朝　倉　誠　造
発行所　株式会社　朝倉書店

東京都新宿区新小川町6-29
郵便番号　　162-8707
電　話　03(3260)0141
ＦＡＸ　03(3260)0180
http://www.asakura.co.jp

〈検印省略〉

Ⓒ 2012〈無断複写・転載を禁ず〉　　Printed in Korea

ISBN 978-4-254-51571-8　C 3381

JCOPY 〈(社)出版者著作権管理機構 委託出版物〉

本書の無断複写は著作権法上での例外を除き禁じられています．複写される場合は，そのつど事前に，(社)出版者著作権管理機構(電話03-3513-6969，FAX 03-3513-6979，e-mail: info@jcopy.or.jp)の許諾を得てください．

朝倉日英対照言語学シリーズ
全7巻

中野弘三・服部義弘・西原哲雄　[監修]

A5判　各巻160〜180頁

- 半期使用を想定した言語学科・英語学科向けテキスト.
- 日本語と英語の比較・対照により,言語学・英語学への理解を深める.
- 各巻各章末に演習問題を付す.解答解説を弊社HPにて公開.

第1巻　**言語学入門**　168頁
西原哲雄（宮城教育大学）編

第2巻　**音声学**　168頁　本体2800円
服部義弘（静岡大学名誉教授）編

第3巻　**音韻論**　180頁　本体2800円
菅原真理子（同志社大学）編

第4巻　**形態論**　176頁　本体2700円
漆原朗子（北九州市立大学）編

第5巻　**統語論**　160頁　本体2700円
田中智之（名古屋大学）編

第6巻　**意味論**　160頁　本体2700円
中野弘三（名古屋大学名誉教授）編

第7巻　**語用論**　176頁　本体2800円
中島信夫（甲南大学名誉教授）編

上記価格（税別）は2019年1月現在